O QUE DIZEM OS ESPÍRITOS SOBRE O ABORTO

O QUE DIZEM OS ESPÍRITOS SOBRE O ABORTO

Este livro oferece, primordialmente, os esclarecimentos dos Espíritos superiores e outros comunicantes sobre o assunto, com acréscimo do que consta em livros espíritas e em artigos da revista *Reformador*.

Os textos de origem não indicada são da equipe que trabalhou na compilação desta obra.

Compilação feita sob a orientação de Juvanir Borges de Souza e por equipe da Federação Espírita Brasileira.

FEDERAÇÃO ESPÍRITA BRASILEIRA

ISBN 978-85-7328-534-5

B.N. 245.854

1ª edição – *Do 1º ao 15º milheiro*

000.51-O; 9/2007

Compilação feita sobre orientação de Juvanir Borges de Souza e por Equipe FEB
Capa: Caroline de Queiroz Vasquez
Projeto gráfico: Dimmer Comunicações Integradas

Composição e editoração:
Departamento Editorial e Gráfico – Rua Souza Valente, 17
20941-040 – Rio de Janeiro (RJ) – Brasil
CNPJ nº 33.644.857/0002-84 I.E. nº 81.600.503

Pedidos de livros à FEB – Departamento Editorial:
Tel.: (21) 2187-8282, FAX: (21) 2187-8298.

CIP-BRASIL. CATALOGAÇÃO-NA-FONTE
SINDICATO NACIONAL DOS EDITORES DE LIVROS, RJ.

O1

O que dizem os espíritos sobre o aborto / compilação feita sobre a orientação de Juvanir Borges de Souza e por Equipe da Federação Espírita Brasileira, 2007
256p.: 21cm

Inclui bibliografia
ISBN 978-85-7328-534-5

1. Aborto – Aspectos morais e éticos. 2. Aborto – Aspectos espirituais. 3. Espiritismo. I. Souza, Juvanir Borges de, 1916-. II. Federação Espírita Brasileira.

07-3338. CDD 133.9
CDU 133.7

31.09.07. 31.09.07 003335

Sumário

Prefácio

Glorifiquemos a vida

Este final de século e de milênio reservou à Humanidade dias de aflições superlativas.

A violência, sob múltiplos aspectos, manifesta-se por toda parte. Não estão resguardados os velhos ou as crianças, os lares ou as oficinas.

As sombras transitórias que se abatem sobre o mundo favorecem e incentivam o egoísmo humano, individual e coletivo.

Nem o supremo bem da vida, dom de Deus e sua presença em nós, escapa às arremetidas infelizes da negação e da morte, sob formas variadas.

Intensifica-se neste país o clamor de grande parte de sua população em favor da pena de morte, contrariando nossas tradições de nação pacifista.

O aborto, esse crime abominável contra criaturas indefesas, toma proporções alarmantes, defendida sua legalização em projeto legislativo.

O suicídio encontra defensores em todo o mundo e as estatísticas não deixam dúvida quanto à gravidade do problema.

E a eutanásia demonstra a profunda ignorância a respeito das Leis Divinas, na hora do sofrimento.

Felizmente, há muitas consciências alertadas contra tais crimes.

O Movimento Espírita brasileiro tem posição firme e clara, sem discrepância, no que concerne à necessidade de defender a vida humana, desde a concepção.

É na defesa dessa posição, sempre a favor da vida, e diante dos perigos da hora presente, em que o ateísmo, a descrença, a indiferença e a ignorância põem em risco o dom de viver, que a Federação Espírita Brasileira busca congregar todos os espiritistas brasileiros contra a pena de morte, o aborto, o suicídio e a eutanásia.

A FEB espera que cada espírita seja um agente de esclarecimento e de paz junto a todos os irmãos brasileiros.

JUVANIR BORGES DE SOUZA

Reformador, out. de 1993, pelo lançamento da campanha "Em defesa da vida".

Introdução

Direito da mulher, fome, miséria, pressão social, limpeza étnica, eis alguns dos argumentos em favor do aborto e da sua legalização.

Segundo a Organização Mundial de Saúde, órgão da ONU, cerca de 60 milhões de abortos são praticados por ano, no mundo.

A Doutrina Espírita procura esclarecer que o aborto é crime, que pode ter atenuantes ou agravantes, como todo desrespeito à lei. Antes de ser transgressão à lei humana, o abortamento provocado constitui crime perante a Lei Divina ou Natural, ficando os infratores sujeitos à infalível lei de ação e reação.

Urge, pois, que o maior número de interessados conheça todos os aspectos dessa questão crucial que é a defesa da vida de um ser que inicia sua jornada na Terra e que é trucidado, tantas vezes por ignorância dos infratores.

Interromper a gestação de um filho é decisão de grande responsabilidade. Entretanto, há quem o faça sem quaisquer considerações de natureza médica, legal, moral ou espiritual, porque considera a gestação um fato meramente biológico e que somente as pessoas nela diretamente envolvidas têm o direito de decidir pelo seu desenvolvimento natural ou pela interrupção, sem culpa legal ou moral.

Outros há que, envolvidos numa situação de gravidez inesperada, imprevista, indesejada, inconveniente ou mesmo delituosa, gostariam de "resolver a situação" dentro de um contexto familiar, social, médico e legal não sujeito à censura, risco ou sanção.

Numeroso é o grupo dos que se debatem entre interesses pessoais, sentimentais, familiares, comunitários, sociais, políticos, exacerbados por querelas, teses, discussões e controvérsias sobre os aspectos morais, éticos e espirituais do aborto. No íntimo permanecem, porém, em dúvida.

Este livro oferece, primordialmente, os esclarecimentos dos Espíritos superiores e outros comunicantes sobre o assunto, com acréscimo do que consta em livros espíritas e em artigos da revista *Reformador*, além de comentários dos participantes da equipe que compilou esta obra.

Com a prática do aborto, os envolvidos assumem débitos perante a Lei Divina, por impedir a reencarnação de um Espírito necessitado da oportunidade de progresso que a ele é concedida.

Esta publicação tem consonância com a reativação da campanha "Em defesa da vida" — lançada em 1993 pela FEB —, no sentido de proteger a vida humana desde a sua concepção, com abordagem dos problemas e das desastrosas conseqüências não só do aborto, como também da pena de morte, do suicídio e da eutanásia.

Possam os esclarecimentos apresentados nesta obra iluminar a todos os que a lerem, inclusive os que se tenham envolvido no problema do aborto.

I - Aborto — Considerações gerais

Ao aborto, diga não!

Em nosso país vem, cada vez mais, ganhando vulto um movimento de sentido verdadeiramente brutal, aquele que defende a legitimação do aborto.

Três são os argumentos mais fortes que, a cada dia, buscam o convencimento de todos os setores da nossa sociedade: o argumento feminista, que se baseia no direito da mulher de dispor livremente do seu corpo; o argumento eugênico, que defende a possibilidade de se evitar o nascimento de bebês portadores de deficiências físicas e/ou psíquicas; e o argumento legal, que reconhece o direito do aborto diante de uma gravidez proveniente de estupro.

Não se põe em questão o direito de a mulher dispor de seu corpo. Ela possui o livre-arbítrio que lhe permitirá, ou não, praticar voluntariamente, com quem ama, o ato sexual. O que a mulher não pode, porém, é ignorar as conseqüências que daí poderão advir, isto é, a possibilidade de engravidar. *A gravidez é*, assim, *conseqüência de um ato livre*.

A Doutrina Espírita nos mostra que o nascimento de bebês portadores de deficiências representa, tanto para o ser que reencarna quanto para os pais, oportunidade de redenção e progresso, oferecida por Deus. Sabemos que todo ser que reencarna é porque tem necessidade de retornar à vida material.

No caso da gravidez como resultado de um ato violento, a expulsão do feto não irá apagar, na mãe, as marcas da violência sofrida. Por outro lado, esse nascimento poderá vir a tornar-se fonte inestimável de recursos redentores para aquela que, mesmo vítima de trama tão torpe, encontrou forças dentro de si mesma para respeitar o direito à vida do ser que nela germinou.

A Federação Espírita Brasileira lançou a campanha *Em defesa da vida*, que, procurando esclarecer sobre as formas de espoliação desse bem maior que o Criador nos ofertou — a vida —, alerta sobre os perigos, o verdadeiro sentido e as conseqüências advindas do aborto, do suicídio, da eutanásia e da pena de morte. Os cartazes e folhetos alusivos à campanha exortam-nos: *Diga não e saiba por quê.*

Num trabalho de pura reflexão, e com base nos estudos doutrinários, vamos procurar levantar alguns porquês.

Por que não ao aborto?

• *Porque o aborto é um verdadeiro infanticídio* que se abriga nas malhas do materialismo e dos interesses inconfessáveis.

• *Porque devemos lembrar que todo filho é um empréstimo sagrado* que, como tal, precisa ser valorizado, trabalhado através do amor e da devoção dos pais, para posteriormente ser devolvido ao Pai Celestial em condição mais elevada. Assim, mesmo que a gravidez possa prenunciar à mulher, ou ao casal, dificuldades, aflições, é preciso levar em conta que não devemos somar à nossa caminhada, nas pequenas jornadas que empreendemos na matéria, novas culpas ou débitos, antes, sim, procurar resgatá-los, uma vez que o processo de elevação espiritual não deve ser adiado. Portanto, MATAR, NUNCA!

• *Porque a mulher não é dona da vida que foi gerada em seu ventre.* É preciso lembrar que, ao reencarnar, ganhamos um corpo por empréstimo. Esse corpo tem grande importância para nós, uma vez que é através dele que poderemos cumprir mais uma etapa do nosso estágio evolutivo. E, por isso mesmo, ele deve ser cuidado, respeitado, defendido até o momento de sua devolução à natureza. Buscando exterminar a vida que se forma dentro de seu ventre, a mulher estará não só negando o direito à vida de um outro ser, impedindo-o de mais uma oportunidade de evolução, como também contribuindo para lesar o próprio corpo, e sobre o qual tem plena responsabilidade. Com esse ato a mulher estará, além de negar ao próximo uma oportunidade que lhe foi concedida, decidindo sobre o destino de uma vida que, embora gerada em seu ventre, não lhe pertence.

• *Porque o aborto é uma desencarnação violenta.* A partir do momento em que o óvulo, fecundado por um espermatozóide, se transforma num embrião verifica-se sua ligação com um Espírito reencarnante que vem habitar o ventre materno, onde, por cerca de nove meses, estará abrigado e protegido, em face da sua fragilidade, até que ganhe condições de enfrentar o mundo exterior. Ao desalojar o feto, o aborto provoca, de forma violenta, sua desencarnação.

• *Porque o aborto é violação do direito básico da vida.* Se o analisarmos, criteriosamente, o aborto é um crime da pior espécie, uma vez que é cometido contra um ser frágil que não tem nenhuma condição de defesa. É a violação total daquilo que está prescrito na Constituição Brasileira: O DIREITO À VIDA.

• *Porque não volvemos à Terra para satisfazer ao gozo irresponsável dos nossos sentidos na busca de prazeres efêmeros.* A irresponsabilidade atual leva-nos a ver que muitos casais buscam praticar apenas o sexo, mas sem a menor intenção de ter filhos. É preciso que os casais, e principalmente as mulheres, tomem consciência de que nossa volta à carne tem por finalidade sanar os débitos que acumulamos no pretérito, em face do mau uso que fizemos da capacidade de liberdade que a nós é concedida com o livre-arbítrio. Na paternidade se estabelece, quase sempre, uma excelente oportunidade de reajuste.

• *Porque qualquer raciocínio cristão jamais poderá compactuar com um homicídio deliberado.* Não devemos considerar a esdrúxula proposta, que nos é colocada freqüentemente, de consulta à sociedade para saber se estamos ou não de acordo com a legalização do aborto. Isso é partir da falsa premissa de que matar é coisa natural! Qualquer cristão jamais poderia aceitar tal legalização, consciente que somos de que só Deus tem o direito de decidir a respeito de nossas vidas.

• *Porque é mais fácil para nós a convivência com filhos-problema que com inimigos ferrenhos.* Os primeiros podem gerar inquietação e trabalho constantes, mas, os segundos, inimigos recalcados, poderão trazer sofrimentos e aflições em grau maior às nossas vidas em conseqüência da frustração decorrente do impedimento criado ao seu retorno à carne, cortando-lhes as esperanças de renovação, resgate e melhoria que poderiam obter com a nova jornada que iniciariam.

Encerrado um conjunto de porquês que nos parecem capazes de justificar o NÃO AO ABORTO, tornam-se necessárias, ainda, algumas considerações.

A Justiça Divina não atinge apenas àquela que provoca o aborto. Também serão passíveis de culpa, e dos conseqüentes débitos, os que se envolvem direta ou indiretamente com o ato (familiares que o sugerem ou apóiam e profissionais que o realizam). Nesse caso, quem o pratica está, quase sempre, arrastando consigo outros irmãos para o erro.

No caso de seus realizadores, é paradoxal vermos profissionais que se comprometem em lutar para salvar vidas sendo instrumentos de sua destruição!

Para a mulher que o pratica, existem as conseqüências cármicas, além dos efeitos que se farão sentir na sua economia orgânica, causando moléstias de etiologia variada e obscura. Por outro lado, o aborto poderá gerar problemas obsessivos, muitas vezes de grande porte.

Não devemos desprezar todo esse conjunto de efeitos de um ato leviano, irresponsável e irrefletido, como o aborto.

É preciso combater, também, o argumento de que legalizando o aborto evitaríamos que mulheres temerosas da maternidade se entregassem a mãos inescrupulosas, a caracteres sórdidos que ceifam centenas de vidas, ano após ano. Isso seria oferecer solução a um problema — garantir a integridade física daquela que busca o aborto —, que, se resolvido, tende a estimular a proliferação do aborto, como fruto da leviandade, pela maior segurança que propiciaria à mulher. Podemos afirmar, então, que é uma tentativa de sanar um mal proveniente de ato livre, embora irrefletido, agravando outro ainda maior — o extermínio de vidas indefesas.

Qualquer forma de legalização do aborto contraria as Leis Divinas. Se aceita, continuará imoral e não apagará das consciências praticantes suas marcas, nem deixará de nelas pesar.

Finalizando, cabe-nos acrescentar que, no Ano Internacional da Família, a FEB participou, também, de outra grande campanha — VIVER EM FAMÍLIA. Torna-se imprescindível, para todos nós, lembrar que a família é a instituição responsável pela salvaguarda dos mecanismos de perpetuação da espécie humana, ao garantir o incessante revezamento dos Espíritos que ora envergam a posição de pais, ora a de filhos, a fim de aprenderem a mais importante lição — a do amor, em suas mais variadas formas —, que lhes irão propiciar a ascensão progressiva que os levará à posição mais alta a que nos destinamos. Desse modo, só nos resta reafirmar:

NÃO AO ABORTO. MATAR, NUNCA!

"Ao aborto, diga não!", Roosevelt Pinto Sampaio.
Reformador, set. 1994.

•

De volta ao tema: o aborto

Já tratamos anteriormente deste mesmo tema — aborto (*Reformador*, setembro de 1994) — que hoje, através da mídia, ganha novos espaços de discussão. Jornais e revistas, através de farto noticiário, mostram-nos que esse é um problema cujo vulto preocupa muitas sociedades. Em diversos países, grupos pró e contra o aborto agem, cada um defendendo fortemente suas posições, chegando a atitudes extremas em termos de hostilização mútua. As ações empreendidas contra os defensores do aborto ou contra aqueles que o praticam vêm sendo cada vez mais violentas, assim como também estão se tornando extremadas as ações de grupos femininos, ou feministas, que se dizem lutando em defesa do direito da mulher de praticar o aborto.

Nos Estados Unidos, onde a liberdade legislativa dos estados é bem grande, a realização do aborto vem causando, por parte de alguns setores da sociedade, uma reação que resulta em sérios problemas de segurança.

Uma reportagem publicada no jornal *O Globo*, de 26 de janeiro de 1997, sob o título "Aborto legal na clandestinidade", mostra que a violência de grupos radicais ali organizados é de tal ordem que leva alguns médicos a andarem armados e clínicas que realizam aborto a funcionarem em sigilo, embora amparadas pela legislação local. Assim, inúmeros médicos americanos, dentre eles a Dra. Carrye Ortman, só saem às ruas vestindo colete à prova de balas e armados com revólveres de grosso calibre. A Dra. Carrye é chefe de uma das mais movimentadas clínicas de aborto em Oregon, onde desde 1973 tal prática é tida como legal. Ao longo de mais de vinte anos essa clínica vem sendo, quase que diariamente, assediada por grupos radicais que hostilizam os profissionais que ali trabalham, por piquetes organizados que se manifestam através de cartazes e de gritos de incitamento, e que, muitas vezes, à noite, vedam com cola as fechaduras das portas. Já houve até mesmo o lançamento de coquetéis molotovs sobre o prédio. De igual forma sofre o Dr. Buck Willians, de Dakota do Sul, o único a realizar abortos em seu estado. Tendo-se aposentado há cerca de um ano, vê-se obrigado, no entanto, a manter as mesmas precauções de segurança anteriores.

Nos últimos anos, o movimento desses grupos radicais acabou por tomar ares de verdadeira guerrilha urbana, chegando mesmo à prática de atos de vandalismo. Certo pastor de uma igreja fundamentalista passou quatro anos preso por colocar bombas em dez clínicas onde o aborto era realizado. Solto, persiste em sua cruzada. Defende-se dizendo que luta pelos bebês que ainda não chegaram à luz. Sua agressividade chegou a tal nível de insanidade que é responsável pela origem de plásticos para serem colocados em pára-brisas ou vidros traseiros de veículos com a seguinte sugestão: *Executem os aborteiros assassinos.*

Houve uma real diminuição do total de abortos realizados nos Estados Unidos, cerca de um sexto. No jornal *O Globo*, de 8-12-1997, encontramos: "O número de abortos nos Estados Unidos atingiu o patamar mais baixo em 1995 desde a metade da década de 1970" (ainda não há estatística de 1996 e 1997).

Hoje, é mais difícil conseguir realizar um aborto que há cinco anos e em nada menos que 84% dos condados do país não se encontram médicos que o pratiquem. Além disso, escolas de Medicina, bem como clínicas que propiciam residência médica em obstetrícia eliminaram disciplina ou ensino de procedimentos de realização de aborto. O treinamento na especialidade é ainda oferecido em apenas 7% dos cursos.

Não se defende a violência como método de atuação adequado, nem se acredita que ela tenha sido o único fator responsável pela diminuição da prática do aborto nos Estados Unidos, mas, sem dúvida, ela atuou como fator de conscientização de boa parte da sociedade.

Na França, o aborto é permitido por lei desde 1976 e, segundo as mesmas fontes de informação, são realizados oficialmente de 130.000 a 170.000 abortos por ano. Mas também ali se registra a presença de grupos organizados de oposição ao aborto. Um desses movimentos, conhecido como *Laissez-les vivre*, uma das maiores ONGs do país, conta com grande número de adeptos espalhados por todo o território francês. Em recente viagem a Paris, o papa João Paulo II fez questão de visitar o túmulo de Lejeune — fundador desse movimento. Sua atitude foi reprovada pelos esquerdistas que consideraram o fato como agressão ou provocação à lei local.

A Grã-Bretanha foi pioneira na legalização da prática do aborto, entretanto, no dia em que se comemorava o 30º aniversário da lei, milhares de britânicos saíram às ruas para se manifestar contra a interrupção da gravidez. Ativistas de grupos contrários ao aborto formaram uma cadeia humana em praticamente todas as suas grandes cidades, portando cartazes que diziam O ABORTO MATA CRIANÇAS. É interessante atentar para o fato destacado pelas mesmas fontes de notícias: apesar do apoio oferecido às mulheres há três décadas, em função da liberdade de escolha pelo aborto, hoje, 60% das mulheres britânicas consideram que esta lei deveria ser revogada.

Por outro lado, surgem no dia-a-dia das notícias imagens de grupos de mulheres, oriundos desses mesmos países, fazendo manifestações ruidosas sobre aquilo que consideram seu direito: querer ou não ter filhos, recorrendo para isso ao aborto.

Após os exemplos de âmbito internacional apresentados até aqui, passemos ao caso nacional.

A imprensa, o rádio e a televisão divulgaram ruidosamente o caso de uma mãe que lutava na justiça pela autorização para abortar seu bebê portador de anencefalia.

As opiniões, tanto médicas quanto leigas, divergiram bastante.

Na seção de cartas do jornal *O Globo*, de 20-5-1997, uma leitora escreveu a respeito de artigo ali publicado anteriormente, sob o título *A grande indesejada*. Ela classifica como atitude hedionda o aborto de um filho concebido, mesmo que malformado. Na mesma ocasião, outro jornal da cidade, o *Jornal do Brasil*, trata do assunto sob o título "*Caixão ambulante de filho*". Nesse artigo, uma médica — Dra. Dafne Norovitz

— argumenta que o avanço da Tecnologia, oferecendo a possibilidade de se constatar com precisão deformações e outros males dos fetos, permite o fornecimento dos indicativos para a execução do aborto. A anencefalia, uma anomalia que se verifica na gestação — o cérebro não se forma ou se desenvolve de maneira incompleta — é, segundo ela, uma condição absolutamente incurável e incompatível com a vida. O referido artigo diz ainda que um diagnóstico feito com cerca de 4 a 5 meses de gravidez daria a esta criança uma sentença de morte e à mãe nenhuma esperança.

A revista *Veja*, em diversos números, também trata do mesmo tema — o aborto. Tece considerações e enceta a discussão levando em conta os aspectos religioso, educacional e de saúde. Apresenta exemplos, depoimentos, posições a favor e contra o aborto. A edição de número 1.513 trouxe na capa o retrato de dez mulheres — seis do meio artístico, uma socióloga, uma conhecida empresária, uma estudante e uma doméstica — com a legenda *EU FIZ ABORTO: O depoimento das mulheres e a polêmica no Brasil*. A matéria que gerou a capa apresenta o depoimento dessas e de mais mulheres que fizeram aborto, cada qual procurando justificar seu motivo. Algumas se revelam totalmente arrependidas, outras dizem estar de bem com o fato. Ao mesmo tempo, são feitos comentários que mostram a opinião de um juiz, um religioso, uma socióloga, uma poetisa. O assunto é tratado mesmo como polêmica. Mais adiante, a matéria seguinte fala de *Como o mundo trata a questão*.

Ainda na seção de cartas do jornal *O Globo*, desta vez de 7-9-1997, encontramos a posição da Ciência na palavra da Profª Claudia Maria de Castro Batista. Ela declara que, como professora de Embriologia, se vê na obrigação de esclarecer alguns aspectos fundamentais, principalmente responder à pergunta: "*Em que momento o embrião se torna uma vida plena, como tal merecedora de preservação a qualquer custo?*". Segundo ela, a resposta pode ter variado ao longo dos séculos, mas agora a Embriologia é suficientemente vasta e profunda para responder de forma muito bem fundamentada a esta pergunta. "Sabe-se que logo após a fecundação do ovócito humano (fusão da membrana celular do espermatozóide com a membrana do ovócito) a divisão celular do ovócito é concluída. Os cromossomos do ovócito e do espermatozóide estão nos chamados pronúcleos feminino e masculino, respectivamente. Estes pronúcleos fundem-se um com o outro produzindo um único núcleo chamado de zigoto fertilizado." E continua, citando William J. Larsen, em seu livro *Human Embriology,* de Churchill Living-stone Inc., NY, 1993, que, referindo-se a este evento diz: "Este momento da formação do zigoto é tido como o início ou o ponto zero do desenvolvimento embrionário". Conclui, então, a professora: "A partir daí, o zigoto representa um novo potencial genético, diferencia-se radicalmente das células do organismo materno, é único e não repetitível. Um novo tipo de organização inicia a produção de um organismo multicelular, com identidade própria, capaz de comandar, sozinho, todo o seu processo de diferenciação até a formação completa do indivíduo".

Encontramos, também, matéria publicada ainda no jornal *O Globo*, sob o título "Legalização disfarçada" na qual a professora Sandra Cavalcante assim se posiciona a respeito do aborto: "A partir do momento em que uma pessoa é gerada, independentemente de sua idade, tem as mesmas características e direitos de qualquer outra. A genética com suas pesquisas e descobertas veio provar que o corpo do nascituro é só dele, que a vida que está ali é só dele, e quem ignora isso está na idade da pedra lascada".

A imprensa deu larga cobertura à chegada ao plenário da Câmara da regulamentação de uma lei que, na verdade, nada mais faz que colocar em funcionamento um dispositivo que existe há 57 anos no Código Penal Brasileiro, sendo, pois, auto-aplicável.

A legislação brasileira permite a prática do aborto em duas situações: quando a vida da mãe corre risco; quando a gestação é resultado de estupro. Mas, oficialmente, os hospitais da rede pública não executam tal medida, o que leva a que apenas aquelas mulheres que gozam de recursos financeiros possam usufruir dos "benefícios" da lei, através da utilização da rede hospitalar privada. A discussão principal gira em torno de estender esse mesmo "benefício" a todas as mulheres, obrigando os hospitais da rede pública a executarem o previsto pela lei. Mas não é tão simples assim. Há outras implicações envolvidas no assunto, principalmente quando se trata de gestação a partir de estupro.

Pela atual regulamentação, a lei prevê que a vítima do estupro deve apresentar queixa na delegacia, que abrirá, de imediato, inquérito policial para que o estuprador possa ser identificado. Há, também, a exigência de testemunhos e depoimentos além de exames periciais feitos por médicos. Só então o juiz dará a autorização para que o aborto seja realizado.

Dizem os defensores do aborto que a partir da comprovação do estupro surge o risco de vida porque a mulher precisa procurar uma clínica particular, uma vez que são pouquíssimos os hospitais públicos que realizam essa prática. Ou seja, há mais de meio século existe uma lei que só pode ser usufruída pelas mulheres que têm recursos financeiros, enquanto aquelas de menor poder aquisitivo, as pobres, correm riscos ou são obrigadas a arcar com uma gravidez indesejada.

A revista *Veja*, em um de seus números, em que houve referência ao assunto, diz que são feitos um milhão de abortos clandestinos por ano, que 300 mil mulheres são internadas com complicações decorrentes dessas intervenções e que 10.000 morrem por abortos malfeitos. Essa é, oficialmente, a quarta causa de mortalidade materna no Brasil, responsável por 10% dos óbitos.

Para fazer o aborto, o uso de substâncias químicas como o medicamento Cytotec, agulhas de tricô, tesouras e outros objetos são a saída para as mulheres que não têm como pagar entre mil e 5 mil reais, cobrados por clínicas clandestinas, que são a terceira maior atividade ilícita do país ("Legalização do aborto: direito da mulher", Valéria Leal, *Jornal do Professor*, outubro/1997).

Os autores da proposta de regulamentação da lei alegam que a forma como os procedimentos acontecem hoje torna muito lenta a autorização, fazendo com que, quando esta chegar, não seja mais possível a realização do aborto. Isso parece verdadeiro, mas, no entanto, as estatísticas provam o contrário. Quando a denúncia é comprovada, tudo é decidido rapidamente.

Um fator que deve ser levado em conta, porém, é que em mais de 70% dos casos, principalmente em menores, o estuprador faz parte da família, o que causa constrangimento à vítima e a faz silenciar a respeito. Em conseqüência, o juiz fica sem denúncia e sem criminoso, não tendo como autorizar o aborto.

A nova regulamentação proposta faz com que a vítima não precise mais do que o boletim de ocorrência. Desaparece a figura do estuprador, não há inquérito policial, não é iniciado nenhum processo. Da mesma forma, eliminam-se as investigações e perícias, não se busca a verdade dos fatos e desaparecem os médicos. De posse do boletim de ocorrência, a vítima vai buscar uma indicação de dois integrantes (não se explica quem serão) multiprofissionais que regulam o que exatamente será feito. Qual o significado disso? *Um trânsito livre para os abortos. Alegando estupro, qualquer aborto se tornará legal e financiado com recursos públicos, o que vem a ser um verdadeiro absurdo!*

Não é coerente, nem ético, legalizar condições erradas, contra a dignidade humana só porque elas abundam em nosso meio. Ao se tentar corrigir um erro com outro erro só se faz aumentá-lo.

Vemos, pois, que a atual campanha pró-aborto não é apenas em favor da regulamentação de uma lei já existente, mas é em favor de uma nova lei que fere a Constituição do Brasil, que assegura a todo brasileiro, independentemente de sua idade, o direito de viver.

O médico Aníbal Faundes, defensor do aborto, diz que: "O país que tem o menor índice de abortos no mundo é a Holanda, que é de 0,5 para cada 100 mulheres. Sabe por quê? Porque além de ser legalizado, ali se faz campanha de educação sexual, o funcionamento da pílula é explicado". O médico lembra, ainda, um detalhe muitas vezes esquecido: "ali não há proteção apenas para quem não deseja ter filhos, mas também para quem deseja tê-los". (*Veja*, 15-9-1997.)

Chamamos, assim, a atenção para um dos aspectos mais importantes do problema — o esclarecimento. A pobreza, muitas vezes fruto do alto nível de desemprego, a falta da educação, da informação sexual — na sociedade e nas escolas —, a falta de atendimento público de qualidade à saúde que oriente os casais, a falta de creches e outros recursos mais criam uma realidade dura que, às vezes, faz com que a mulher trabalhadora e desprotegida imagine que não há para ela outra alternativa senão o aborto, diante de uma gravidez inesperada.

Isso nos mostra uma tremenda falha da nossa sociedade: a falta de esclarecimento do que representa o aborto — um crime contra aquele que está por nascer; um viabilizador de lesão àquela que lhe tira a vida.

Interessante é verificar, por outro lado, que há grupos lutando por *garantia de vida*, pela *garantia dos direitos individuais*, movimentos como o *Não à violência, Tortura nunca mais...* Sim, consideramos justos esses movimentos. Mas, e a garantia de vida àquele que está por nascer, àquele que se encontra totalmente indefeso? A publicação sob o título *Deixe-me viver*, da Editora Espírita Mensagem de Esperança (São Paulo, 1992), relata, com muita propriedade, todo o horror que essa prática significa. Na narrativa feita encontram-se todos os elementos pelos quais esses movimentos propugnam.

Os defensores do aborto ressaltam que a mulher tem todo direito sobre seu corpo e, portanto, deve tê-lo também de rejeitar uma gravidez para ela indesejada, não permitindo que se desenvolva dentro do seu corpo um novo ser que ela não quer. Com isso ela pretende que a sua individualidade seja respeitada, mas e a individualidade daquele ser que ali está formado também não precisa ser respeitada? Sua vida não precisa ser defendida? Alegando direito sobre o seu corpo, ela não o tem sobre o ser que está dentro dela, um novo ser que, como qualquer outro, já tem os seus direitos garantidos pela

Constituição, apenas não estando ainda em condições de exercitá-los. Estamos lidando com um novo indivíduo, um ser reencarnante que, como nos foi mostrado pela Ciência, é independente do corpo da mãe. Ela não tem, pois, o direito de matá-lo!

Cada vez se torna, assim, mais nítida a necessidade do esclarecimento em ampla frente. É preciso acabar com a idéia do prazer sexual sem compromisso e sem responsabilidade.

Em 1993, a Federação Espírita Brasileira lançou, com oportunidade e sucesso, a campanha *Em defesa da vida*, cujo objetivo era esclarecer ao grande público de que só aquele que nos deu a vida pode tirá-la.

Os Centros Espíritas afixaram cartazes em suas sedes, palestrantes internos e convidados discorreram sobre os temas aborto, eutanásia, suicídio e pena de morte com informações precisas e esclarecedoras. Houve, por assim dizer, uma rediscussão dos temas em face dos novos elementos e dados acrescentados. Os anos de 1996 e 1997, no entanto, foram marcados por uma revitalização do tema aborto.

Por uma pequena pesquisa histórica, apreendemos que as campanhas lançadas tanto pelo governo, quanto por instituições filantrópicas, religiosas e outras, jamais alcançaram totalmente o êxito desejado, nunca encontraram a necessária afirmação. Parece-nos que, em vez de campanha, há necessidade de se considerar um outro conceito: *movimento*.

Ora, *movimento* é uma "Série de atividades organizadas por pessoas que trabalham em conjunto para alcançar determinado fim". (FERREIRA, Aurélio B. de Holanda. *Novo Dicionário Aurélio da Língua Portuguesa*. Curitiba: Positivo, 2004). Parece-nos, portanto, mais apropriado em face da sua perenidade, constância, atenção contínua ao problema, apontando para uma ação combativa e constante sempre em voga. Daí a proposta de se criar um Movimento de Defesa da Vida.

O esclarecimento, oriundo desse movimento, viria mostrar que a afirmativa de que a mulher é dona absoluta do seu corpo não é bem assim: tudo aquilo que temos é temporário, até mesmo o nosso corpo, que é um veículo recebido de Deus por empréstimo para que nosso Espírito consiga avançar, expiando faltas passadas. Se temos o corpo por empréstimo, temos por obrigação cuidar dele como um bem, para que ao devolvê-lo possamos fazê-lo sem receios, sem ter procurado conscientemente lesá-lo, sem o comprometimento de termos eliminado qualquer ser para o qual ele vinha servindo de abrigo. Entregá-lo na certeza de não haver impedido uma nova oportunidade de vida, de reencarnação de outro ser, mas de ter oferecido a outrem a mesma oportunidade de evolução que nos foi permitida.

Exceção feita para salvar a vida de uma mulher como admite a Doutrina Espírita (*O Livro dos Espíritos,* questão 359), o aborto é um crime hediondo em que não se ouve o outro lado, o lado do reencarnante, quando em qualquer julgamento o direito de defesa é sempre prioritário. É preciso lembrar que o direito de dar ou tomar vida só a Deus pertence.

É uma questão de optar pela vida ou pelo crime.

NÃO AO ABORTO!

Roosevelt Pinto Sampaio
Reformador, jun. 1998.

II - Aborto intencional

Considerações doutrinárias

A Doutrina Espírita trata clara e objetivamente a respeito do abortamento, na questão 358 de sua obra básica *O Livro dos Espíritos*, de Allan Kardec:

"Constitui crime a provocação do aborto, em qualquer período da gestação?

Há crime sempre que transgredis a Lei de Deus. A mãe, ou quem quer que seja, cometerá crime sempre que tirar a vida a uma criança antes do seu nascimento, por isso que impede uma alma de passar pelas provas a que serviria de instrumento o corpo que se estava formando".

Sobre os direitos do ser humano, foi categórica a resposta dos Espíritos superiores a Allan Kardec na questão 880 de *O Livro dos Espíritos*:

"Qual o primeiro de todos os direitos naturais do homem?

"O de viver. Por isso é que ninguém tem o de atentar contra a vida de seu semelhante, nem de fazer o que quer que possa comprometer-lhe a existência corporal".

Início da vida humana

Para a Doutrina Espírita, está claramente definida a ocasião em que o ser espiritual se insere na estrutura celular, iniciando a vida biológica com todas as suas conseqüências. Na questão 344 de *O Livro dos Espíritos*, Allan Kardec indaga aos Espíritos superiores:

"Em que momento a alma se une ao corpo?

A união começa na concepção, mas só é completa por ocasião do nascimento. Desde o instante da concepção, o Espírito designado para habitar certo corpo a este se liga por um laço fluídico, que cada vez mais se vai apertando até ao instante em que a criança vê a luz. O grito, que o recém-nascido solta, anuncia que ela se conta no mundo dos vivos e dos servos de Deus".

As ciências contemporâneas, por meio de diversas contribuições, *vêm confirmando a visão espírita acerca do momento em que a vida humana se inicia.* A Doutrina Espírita firma essa certeza definitiva, estabelecendo uma ponte entre o mundo físico e o mundo espiritual, quando oferece registros de que o ser é preexistente à concepção, bem como sobrevivente à morte biológica.

A tese da reencarnação, que o Espiritismo apresenta como eixo fundamental para se compreender a vida e o homem em toda sua amplitude, hoje é objeto de estudo de outras disciplinas do conhecimento humano que, através de evidências científicas, confirmam a síntese filosófica do Espiritismo: "Nascer, morrer, renascer ainda e progredir sempre, tal é a Lei".

Assim, não se pode conceber o estudo do abortamento sem considerar o princípio da reencarnação, que a Parapsicologia também aborda ao analisar a memória extracerebral, ou seja, a capacidade que algumas pessoas têm de lembrar, espontaneamente, de fatos com elas ocorridos, antes de seu nascimento. Dentro da lei dos renascimentos se estrutura, ainda, a terapia regressiva a vivências passadas, que a Psicologia e a Psiquiatria utilizam no tratamento de traumas psicológicos originados em outras existências, inclusive em pacientes que estiveram envolvidos na prática do aborto.

"O aborto na visão espírita"
Reformador, fev. 2000.

•

Aborto delituoso

Comovemo-nos, habitualmente, diante das grandes tragédias que agitam a opinião.

Homicídios que convulsionam a imprensa e mobilizam largas equipes policiais...

Furtos espetaculares que inspiram vastas medidas de vigilância...

Assassínios, conflitos, ludíbrios e assaltos de todo jaez criam a guerra de nervos, em toda parte; e, para coibir semelhantes fecundações de ignorância e delinqüência, erguem-se cárceres e fundem-se algemas, organiza-se o trabalho forçado e em algumas nações a própria lapidação de infelizes é praticada na rua, sem qualquer laivo de compaixão.

Todavia, um crime existe mais doloroso, pela volúpia de crueldade com que é praticado, no silêncio do santuário doméstico ou no regaço da Natureza...

Crime estarrecedor, porque a vítima não tem voz para suplicar piedade e nem braços robustos com que se confie aos movimentos da reação.

Referimo-nos ao aborto delituoso, em que pais inconscientes determinam a morte dos próprios filhos, asfixiando-lhes a existência, antes que possam sorrir para a bênção da luz.

....

Homens da Terra, e sobretudo vós, corações maternos chamados à exaltação do amor e da vida, abstende-vos de semelhante ação que vos desequilibra a alma e entenebrece o caminho!

Fugi do satânico propósito de sufocar os rebentos do próprio seio, porque os anjos tenros que rechaçais são mensageiros da Providência, assomantes no lar em vosso próprio socorro, e, se não há legislação humana que vos assinale a torpitude do infanticídio, nos recintos familiares ou na sombra da noite, os olhos divinos de Nosso Pai vos contemplam do Céu, chamando--vos, em silêncio, às provas do reajuste, a fim de que se vos expurgue da consciência a falta indesculpável que perpetrastes.

Religião dos Espíritos, "Aborto delituoso", Ed. FEB.
De Francisco Cândido Xavier, pelo Espírito Emmanuel.

•

Efeitos imediatos do aborto

Como na organização fetal existe um Espírito administrando o seu crescimento em simbiose mental com a mãe, em *realidade já é o dono desse corpo em formação*, e em sã consciência a mulher gestante não poderá dizer que é dona do feto e faz dele o que lhe aprouver, pois ela já está trabalhando em parceria com um Espírito, filho de Deus como ela mesma, e com os mesmos direitos de possuir um corpo e de voltar à Terra.

A prática do aborto passa então a incomodá-lo, perturbá-lo e ofender o seu direito à vida corpórea, que é uma bênção de Deus para todas as criaturas.

Sexo e evolução, "Aborto e Justiça Divina", Ed. FEB.
De Walter Barcelos.

•

A genética e a vida

O Espírito André Luiz, em *Missionários da luz*, cap. 13 e 14, pela incomparável mediunidade do nosso Chico Xavier, descreve minuciosamente como se processa a reencarnação, exemplificando um caso de "fecundação assistida" por Construtores espirituais.

Vemos ali como os Construtores espirituais agem, selecionando, dentre milhões, o espermatozóide que vai unir-se ao óvulo. A narração é de incomparável sublimidade e poesia, posto que o próprio momento da fecundação já o é também.

É um instante de amor, aquele em que o filho se une à mãe, "como a flor se une à haste, quando passa a ser alma da própria alma, aquele que será carne da própria carne".

Detalhadamente, a reencarnação é mostrada como se processa, nos dois planos — espiritual e material: horas após a relação sexual, opera-se a fecundação, supervisionada por Entidades espirituais elevadas. O mapa cromossômico é detidamente analisado e os genes localizados com normalidade. A célula-ovo, microscópica, desdobra-se em mapas, deixando à mostra a geografia dos genes da hereditariedade.

Notável, para nosso estudo, é a observância fiel do dimensionamento e enquadramento da fecundação, nos imortais parâmetros da Justiça Divina, contidos nos sábios postulados da reencarnação. Indissociáveis no processo, as matrizes morais impressas no Espírito reencarnante merecem a mais profunda análise e consideração, para que o corpo físico se adapte à lei de causa e efeito.

Genética e Espiritismo, "A genética e a vida", Ed. FEB.
De Eurípedes Kühl.

•

Proteção

Observei, interessado, a extraordinária movimentação celular, no desenvolvimento da estrutura do novo corpo em formação e anotei o cuidado empregado pelos Espíritos presentes para que o disco embrionário fosse esculturado com a exatidão devida.

— A engenharia orgânica — exclamou o chefe do trabalho, bem-humorado — reclama bases perfeitas. O corpo carnal é também um edifício delicado e complexo. Urge cuidar dos alicerces com serenidade e conhecimento.

Reconheci que o serviço de segmentação celular e ajustamento dos corpúsculos divididos ao molde do corpo perispirítico, em redução, era francamente mecânico, obedecendo a disposições naturais do campo orgânico, mas toda a entidade microscópica do desenvolvimento da estrutura celular recebia o toque magnético das generosas entidades em serviço, dando-me a idéia de que toda a célula-filha era convenientemente preparada para sustentar a tarefa da iniciação do aparelho futuro.

No intuito talvez de justificar o desvelo empregado, Apuleio explicou-me, atencioso:

— Temos grandes responsabilidades na missão construtiva do mecanismo fetal. Há que remover empecilhos e auxiliar os organismos unicelulares do embrião, na intimidade do útero materno, para que a reencarnação, por vezes tão dificilmente projetada e elaborada, não venha a falhar, de início, por falta de colaboração do nosso plano, onde são tomados os compromissos.

Escutava-lhe a palavra experiente e sábia, com muita atenção, a fim de aproveitar-lhe todo o conteúdo educativo.

— Em razão disto — prosseguiu ele —, o aborto muito raramente se verifica obedecendo a causas de nossa esfera de ação. Em regra geral, origina-se do recuo inesperado dos pais terrestres, diante das sagradas obrigações assumidas ou aos excessos de leviandade e inconsciência criminosa das mães, menos preparadas na responsabilidade e na compreensão para este ministério divino. Entretanto, mesmo aí, encontrando vasos maternais menos dignos, tudo fazemos, por nossa vez, para opor-lhes resistência aos projetos de fuga ao dever, quando essa fuga representa mero capricho da irresponsabilidade, sem qualquer base em programas edificantes. Claro, porém, que a nossa interferência no assunto, em se tratando de luta aberta contra nossos amigos reencarnados, transitoriamente esquecidos da obrigação a cumprir, tem igualmente os seus limites. Se os interessados, retrocedendo nas decisões espirituais, perseveram sistematicamente contra nós, somos compelidos a deixá-los entregues à própria sorte. Daí, a razão de existirem muitos casais humanos, absolutamente sem a coroa dos filhos, visto que anularam as próprias faculdades geradoras. Quando não procederam de semelhante modo no presente, sequiosos de satisfação egoística, agiram assim, no passado, determinando sérias anomalias na organização psíquica que lhes é peculiar. Neste último caso, experimentam dolorosos períodos de solidão e sede afetiva, até que refaçam, dignamente, o patrimônio de veneração que todos nós devemos às Leis de Deus.

Missionários da luz, "Proteção", Ed. FEB.
De Francisco Cândido Xavier, pelo Espírito André Luiz.

•

— Divaldo, e o aborto? Tolhe a reencarnação, corta a reencarnação, ou suspende a reencarnação?

— O aborto impede a reencarnação, adiando-a, porque aquele filho que nós expulsamos pela interrupção no corpo, voltará até nós, quiçá, em um corpo estranho, que foi recolhido por um ato de sexualidade irreverente; por uma concepção de natureza inditosa, volverá até nós, na condição de alguém deserdado, não raro, como um delinqüente... Os filhos que não aceitamos no lar, penetrarão um dia pela janela da nossa casa, na roupagem de um menor de conduta anti-social. Será o portador, talvez, de tóxicos para o nosso filho ou para a nossa filha. Aquele que expulsamos do nosso regaço voltará, porque ele não pode ser punido pela nossa leviandade, mas nós seremos justiçados na nossa irreflexão, através das Leis Soberanas da Vida.

Apostila "Subsídios para reuniões e encontros de pais" — Ed. FEB.
Pergunta feita a Divaldo Pereira Franco.

•

QUANDO COMEÇAM OS DIREITOS DA PESSOA FÍSICA?

Para o Espiritismo, a existência de um princípio espiritual ligado ao corpo desde o momento da concepção não é mero artigo de fé. Trata-se de evidência comprovada pela observação — embora a chamada Ciência oficial ainda não tenha reconhecido tal evidência. Relatos de pessoas, em estado de hipnose ou em lembranças espontâneas, mesmo de crianças, que retratam passagens de outras vidas e da época em que o ser ainda se encontrava no ventre materno, revelam uma consciência preexistente ao corpo. Essas evidências, que vêm sendo estudadas nos últimos anos por pesquisadores de diversos países, confirmam a posição da Doutrina Espírita, em *O Livro dos Espíritos*, de Allan Kardec (questão 344).

Desse modo, o ser que se desenvolve no ventre materno a partir da fecundação do óvulo, já é uma pessoa — sujeito de direitos — constituída de corpo e alma.

Felizmente, a Constituição Brasileira e o Código Civil são, neste ponto, coerentes com a formação espiritualista do povo brasileiro (incluindo católicos, protestantes, espíritas e outras denominações, que constituem, no seu conjunto, a maioria da nossa população). O artigo 5º da Constituição assegura "a inviolabilidade do direito à vida", elegendo assim tal direito a princípio absoluto, não passível de relativização. E o artigo 4º do Código Civil afirma que "a personalidade civil do homem começa pelo nascimento com vida, mas a lei põe a salvo, desde a concepção, os direitos do nascituro". Reconhece-se, desse modo, que o nascituro já é uma pessoa, sujeito de direitos, o que está de acordo com todas as concepções espiritualistas acima citadas.

"Manifesto Espírita sobre o aborto"
Reformador, dez. 1998.

•

Que direitos humanos tem um ser assassinado por aborto?

Aborto — Práticas utilizadas em hospitais:

Drogas (via oral ou injetadas) indutoras da contração uterina: Cytotec, Oxitocina endovenosa, mifepristona e outras.

Processos mecânicos (1º trimestre) — curetagem, sucção e pinças.

— Microcesária (gestação acima de 3 meses) — retirada cirúrgica do feto. O corpinho abortado servirá para experiências, fornecerá matéria-prima orgânica para laboratórios e/ou morrerá afogado em bacia com água.

•

Aborto — Práticas utilizadas por "curiosos" e métodos "caseiros":

— Traumatismo — Introdução de metades de tesouras, cabides, talos de mamona, etc. (dilatação, curetagem, punção). Também pancadas contundentes, choques e outros métodos indescritíveis.

— Trituração seguida de sucção — Introdução de tubo plástico com pequenas lâminas dilaceradoras na extremidade (versão minimalista das de um liquidificador). Após a trituração, sucção.

— Produtos químicos — inoculação (por injeção) de substâncias cáusticas no interior do útero. O feto é morto por queimaduras letais em pouco tempo e a mãe, freqüentemente, adquire esterilidade total.

— Choque térmico (comum entre gestantes mais carentes) — imersão em água bem quente, ou aplicação de bolsas de água quente ou gelada diretamente sobre o abdome.

•

No anfiteatro

O silêncio era aterrador. Nenhum som, nenhuma galhofa, exceto, de quando em quando, alguns gritos de terror que partiam das arquibancadas...[1]

— Temos hoje um caso de justiça... — reticenciou.

E para fazer-se mais temerário, apostrofou:

— Julgaremos uma criminosa que chegou da Terra para os nossos presídios, há quase um ano...

---

[1] O episódio nos faz conhecer a tragédia vivenciada por irmã que, desencarnada após violenta hemorragia ao submeter-se ao sexto aborto feito por trituração, viu-se transportada pela sintonia vibratória a uma colônia de "adversários da luz". — **Nota da Editora.**

Apareceram os que se poderiam chamar *jurados*, que tomaram lugar em assentos reservados, um *acusador*, duas *testemunhas* — uma de lamentável aspecto lacerado, e a outra, apenas uma pasta informe, perispiritual, estiolada, que, mantida numa cesta nauseante, foi colocada sobre uma mesa, em destaque, no centro do proscênio.

Algemada e atada a uma corrente, jovem mulher de uns quase 35 anos foi trazida, acolitada por dois guardas e conduzida ao palco da triste encenação.

O semblante desencarnado e a expressão de loucura deformavam-na em grande parte. Andrajosa e imunda, quase rastejava, minada pela ausência de forças.

O simulacro de julgamento era decerto confrangedor.

A infeliz relanceou os olhos baços várias vezes, traduzindo o quanto de sofrimento lhe invadia o ser.

O acusador, empertigado e ferino, narrou:

— Esta mulher vem da Terra, após uma vida de abominação.

....

Tendo oportunidade de fazer-se mãe, seis vezes consecutivas, delinqüiu em todas elas, evadindo-se, pelo infanticídio, a qualquer responsabilidade para com os próprios atos.

Na última vez, fez-se vítima da própria leviandade e desencarnou após terrível e demorada hemorragia que lhe roubou toda possibilidade de sobrevivência.

Dentre os a quem ela impediu voltassem à carne, aqui estão duas vítimas suas, em diferentes estados: um conseguiu retomar a forma anterior, mas apresenta os sinais das lâminas que lhe romperam o corpo em formação; o outro ainda dorme, hibernado, na forma desfigurada, graças ao despedaçamento sofrido, no ato do aborto.

Logo despertou, porém, no túmulo, alguns dias após o desenlace, acreditando-se viva no corpo — ignorante das realidades espirituais —, um soldado nosso deu-lhe “voz de prisão” pelos crimes cometidos e, algemando-a, trouxe-a ao cárcere, em que tem estado até este momento.

A sua primeira *vítima*, que pertencia aos nossos quadros, apresentou queixa, há muito, o que nos levou assisti-la por alguns anos e agora nos reunimos para fazer *justiça*.

O pobre Espírito assistia a tudo, quase sem se aperceber. Parecia semidesvairado, recolhendo a muito esforço mental algumas expressões esparsas, que no entanto não conseguia coordenar...

Os insultos e doestos choviam, atirados em abundância.

A *testemunha* fez chocante narração, várias vezes interrompida pelo vozerio das galerias, após o que, uma voz se destacou na bulha, anunciando o veredito:

— Culpada!

Gargalhadas estridentes espoucaram de todos os lados.

O Dr. Teofrastus ergueu-se e, depois de receber mesuras dos comparsas, sentenciou:

— Façamos com ela, o que no íntimo sempre foi: uma loba!

Acercou-se da sofrida entidade e, fitando-a, escarnecedor, passou a ofendê-la, vilmente.

A vítima não apresentou qualquer reação. Era como se a sua visão se encontrasse longe, a fixar as evocações dos abortos delituosos a que se entregara nos dias de insensatez, que ficaram para trás, mas que não se consumiram...

Obrigando-a a ajoelhar-se, enquanto lhe estrugia no dorso longo chicote sibilante, ordenou, de voz estertorada:

— Víbora infeliz! Devoradora dos próprios filhos! Toma a tua forma... a que já tens na mente atormentada.

A tua justiça é a tua consciência... Obedece, serpente famélica!

A voz, impregnada de pesadas vibrações deletérias e vigorosas, dobrava os centros de parca resistência perispiritual da atormentada, e, diante dos nossos olhos, ao comando do sicário cruel, que se utilizava de processos hipnóticos deprimentes, atuava no *subconsciente* perispiritual abarrotado de remorso da infanticida, imprimindo-lhe a tragédia da mutação da forma, num horrendo fenômeno de licantropia, dos mais lacerantes...

....

A cena estranha continuou por mais alguns momentos e o atormentado Espírito da mulher-lobo foi, por determinação do *chefe*, remetido ao interior para ser colocado em defesa do anfiteatro.

Houve, ainda, algumas outras demonstrações de hipnose elementar e grosseira, porém de efeito na multidão, atônita, quando o espetáculo foi encerrado, após a saída do infame séqüito e do seu famanaz.

Um tanto deprimidos, saímos, também, e voltando a respirar o hálito da Natureza, quando chegamos à praça em que se encontrava a União Espírita Baiana, depois da jornada pelo mesmo processo, adentramo-nos, para receber energias revitalizantes e esclarecimentos finais do vigilante benfeitor.

Recompondo o círculo e carinhosamente recebidos pelos que ficaram, fomos concitados à oração, após o que Saturnino, empenhado em esclarecer-nos, elucidou, pausado:

— Aparentemente, os infelizes companheiros que mourejam no anfiteatro constituem segura organização a serviço do mal. Adestrados na prática da ignomínia, supõem-se preparados para investir contra os Espíritos atormentados que gravitam em ambos os lados da vida, imanados às paixões que os consomem, paixões cujo comportamento facilmente sintonizam com eles e outros afins, caindo-lhes nas malhas vigorosas que, em última análise, se transformam em instrumentos de que se utiliza a Lei Divina para corrigir os que ainda preferem os tortuosos caminhos... Muito tempo se passará até que as leis de amor, leis da vida, portanto, se estabeleçam em definitivo entre nós... Convém considerar que só o bem tem características de perfeição, por ser obra de Deus, que é perfeito. O mal, engendrado pelo Espírito atribulado, opera por métodos de violência e, dessa forma, é falho, o que atesta a sua procedência. Não fosse isso e não nos poderíamos ter adentrado no recinto das intervenções malignas (...). agradeçamos, portanto, ao Senhor. Teremos ensejo de retornar ao anfiteatro, oportunamente, para prosseguir observações e tarefas, quando, então, o irmão Glauco desempenhará função específica junto ao nosso irmão Teofrastus...

Os trabalhos foram encerrados quando os primeiros raios da alva venciam a teimosia da noite.[2]

Nos bastidores da obsessão, "No anfiteatro", Ed. FEB.
De Divaldo P. Franco, pelo Espírito Manoel Philomeno de Miranda.

•

Aborto

Falamos naturalmente acerca de relações internacionais, sociais, públicas, comerciais, clareando as obrigações que elas envolvem; no entanto, muito freqüentemente marginalizamos as relações sexuais — aquelas em que se fundamentam quase todas as estruturas da ação comunitária.

---

[2] As etapas posteriores desse resgate são relatadas em outros capítulos do livro *Nos bastidores da obsessão*. — **Nota da Editora.**

Esquece-se, habitualmente, de que o homem e a mulher, via de regra, experimentam instintivo horror à solidão e que, à vista disso, a comunhão sexual reclama segurança e duração para que se mostre assente nas garantias necessárias.

Impraticável, sem dúvida, impor a continuidade da ligação entre duas criaturas, a preço de violência; no entanto, à face das contingências e contratempos pelos quais o carro da união esponsalícia deve passar pelas estradas do mundo, as leis da vida, muito sabiamente, estabelecem nos filhos os elos da comunhão entre os cônjuges, atribuindo-lhes a função de fixadores da organização familiar; com a colaboração deles, os deveres do companheiro e da companheira, no campo da assistência recíproca, se revelam mais claramente perceptíveis e o lar se alteia por escola de aperfeiçoamento e de evolução, em marcha para a aquisição de mais amplos valores do espírito, no mundo maior.

De todos os institutos sociais existentes na Terra a família é o mais importante, do ponto de vista dos alicerces morais que regem a vida.

É pela conjunção sexual entre o homem e a mulher que a Humanidade se perpetua no planeta; em virtude disso, entre pais e filhos residem os mecanismos da sobrevivência humana, quanto à forma física, na face do orbe.

Fácil entender que é assim justamente que nós, os Espíritos eternos, atendendo aos impositivos do progresso, nos revezamos na arena do mundo, ora envergando a posição de pais, ora desempenhando o papel de filhos, aprendendo, gradativamente, na carteira do corpo carnal, as lições profundas do amor — do amor que nos soerguerá, um dia, em definitivo, da Terra para os Céus.

Com semelhantes notas, objetivamos tão-só destacar a expressão calamitosa do aborto criminoso, praticado exclusivamente pela fuga ao dever.

Habitualmente — nunca sempre — somos nós mesmos que planificamos a formação da família, antes do renascimento terrestre, com o amparo e a supervisão de instrutores beneméritos, à maneira da casa que levantamos no mundo, com o apoio de arquitetos e técnicos distintos.

Comumente chamamos a nós antigos companheiros de aventuras infelizes, programando-lhes a volta em nosso convívio, a prometer-lhes socorro e oportunidade, em que se lhes reedifique a esperança de elevação e resgate, burilamento e melhoria.

Criamos projetos, aventamos sugestões, articulamos providências e externamos votos respeitáveis, englobando-nos com eles em salutares compromissos que, se observados, redundarão em bênçãos substanciais para todo o grupo de corações a que se nos vincula a existência. Se, porém, quando instalados na Terra, anestesiamos a consciência, expulsando-os de nossa companhia, a pretexto de resguardar o próprio conforto, não lhes podemos prever as reações negativas e, então, muitos dos associados de nossos erros de outras épocas, ontem convertidos, no plano espiritual, em amigos potenciais, à custa das nossas promessas de compreensão e de auxílio, fazem-se hoje — e isso ocorre bastas vezes, em todas as comunidades da Terra — inimigos recalcados que se nos entranham à vida íntima com tal expressão de desencanto e azedume que, a rigor, nos infundem mais sofrimento e aflição que se estivessem conosco em plena experiência física, na condição de filhos-problema, impondo-nos trabalho e inquietação.

Admitimos seja suficiente breve meditação, em torno do aborto delituoso, para reconhecermos nele um dos grandes fornecedores das moléstias de etiologia obscura e das obsessões catalogáveis na patologia da mente, ocupando vastos departamentos de hospitais e prisões.

Vida e sexo, "Aborto", Ed. FEB.
De Francisco Cândido Xavier, pelo Espírito Emmanuel.

III - Alegações para rejeição da gravidez

1 - Adolescência, imaturidade

Estatísticas comprovam que, infelizmente, a prática de abortamento vem crescendo em nosso país.

Dados colhidos em pesquisas recentes[3] informam a realidade:

— Para cada um milhão de adolescentes brasileiras entre 11 e 19 anos que engravidam a cada ano, duzentas mil recorrem ao aborto.

— A adolescente reage à "cirurgia" apresentando, posteriormente, traumas físicos, psicológicos e espirituais em escala muito mais acentuada que a mulher já adulta.

— Nas camadas sociais economicamente menos favorecidas, maior número de meninas leva a gravidez a termo, pois faltam os recursos para abortar que "favorecem" as adolescentes que pertencem a famílias de maior poder aquisitivo.

O sentimento de culpa se manifesta na adolescente de forma intensa, freqüentemente conduzindo a depressões violentas.

Em números estatísticos, o índice de suicídios pós-aborto é três vezes maior que em quaisquer outras circunstâncias.

•

Dos registros de um hospital estadual na cidade do Rio de Janeiro constam, às dezenas, casos idênticos a esse que narramos:

Adolescente chega ao hospital, sozinha, com febre e sangramento forte, contínuo. Muito assustada é imediatamente encaminha-

---

[3] Revista *Veja*, 17/09/1997. — **Nota da Editora.**

da à Emergência. Recusando-se a revelar nome e endereço, apresentando descontrole emocional e negando saber a possível causa da hemorragia, é submetida a exames pela equipe médica de plantão.

Após verificada a realização de aborto recente, ante a necessidade de cirurgia urgentíssima e ciente de estar correndo risco de morte, a infeliz menina resolve se identificar: M. A. R., 14 anos, estudante do ensino fundamental. Membro de igreja protestante ortodoxa, recebendo educação rigorosa e conservadora, considerou-se inteiramente incapaz de assumir a gravidez perante os familiares e a comunidade.

Abandonada pelo namorado, jovem e irresponsável, optou por recorrer a uma "parteira curiosa", habitualmente procurada pelas meninas de sua escola quando se viam em idêntica situação.

Sigilosamente o aborto foi realizado através da inserção de metade de uma tesoura no útero, com movimentação enérgica do "instrumento" em todas as direções, para provocar a expulsão do feto indesejado.

Conseqüências: Perfuração do útero e do reto, grave infecção e hemorragia. Conduzida à cirurgia, precisou ser submetida a histerectomia (retirada do útero), sutura intestinal e longo tratamento de infecção e anemia. Sobreviveu à situação impossibilitada de ter mais filhos.

•

Encontramos preciosa orientação para prevenir esse tipo de ocorrência desastrosa em:

A questão do namoro

Para aprofundar nossa análise da questão, busquemos a contribuição de Emmanuel. Ele trabalha com uma definição de namoro mais restrita, focalizando exatamente o momento que queremos destacar aqui. Segundo ele, namoro é um período que se traduz por suave encantamento e precede a integração de duas criaturas para a comunhão sexual. Pelos conhecimentos que a Doutrina Espírita nos faculta, entendemos que esse *suave encantamento* nasce da interação entre essas duas pessoas, cujos pensamentos estão reciprocamente vinculados nesse momento de suas vidas, resultando num fenômeno de complementação magnética que causa prazer. É natural que essa interação desperte os impulsos sexuais e o desejo de vivenciar em toda a sua profundidade essa emoção.

Para que cada um dos indivíduos envolvidos possa, contudo, viver a experiência sexual em seus aspectos positivos, é importante que já tenham alcançado certo grau de maturidade e noção das responsabilidades que estão aí envolvidas. Pela perspectiva espírita, compreendemos que esse encantamento entre duas pessoas resulta de diferentes causas que podemos resumir assim:

1 — planejamento elaborado antes da atual encarnação;

2 — emersão de *"lembranças"* de encontros sexuais em outras encarnações;

3 — cumplicidade em ações passionais de outras vidas;

4 — harmonização das irradiações anímicas devido à afinidade entre as duas almas.

Embora as causas sejam diferentes, os efeitos podem se assemelhar, isto é, um jovem sente-se atraído e encantado por outro, pelas ligações existentes entre eles no passado. Os fatos do passado podem ter sido vivenciados de maneira diferente por eles, mas as emoções que emergem então, vividas em regime de reciprocidade, são, por isso mesmo, interpretadas como provenientes de um profundo e duradouro amor.

Acrescente-se a isso a possibilidade da influência dos Espíritos ligados a um ou a ambos e que, pela necessidade que sentem de renascer, projetam vibrações que acentuam nos enamorados o desejo de interação sexual. Logicamente, acontecendo a união dos sexos, esses Espíritos terão a chance do retorno à vida. Mas podem esses jovens descobrir mais tarde que, na verdade, foram tomados pela paixão que não souberam controlar e acabaram assumindo responsabilidades para as quais ainda não estavam preparados. Esse é um quadro que se desenha nitidamente na experiência dos que estão enfrentando o problema da gravidez na adolescência.

A partir daí, descortinam-se vários caminhos, mas todos crivados de dificuldades. Um deles é a opção pelo aborto com todo o cortejo de sofrimento que pode acarretar, tanto físico quanto espiritual; o outro é o casamento fadado ao insucesso, pela inexperiência e imaturidade dos adolescentes, somadas às interferências dos pais que serão na realidade os financiadores da aventura; uma terceira alternativa é os pais da menina assumirem a educação da criança, exigindo da filha uma série de condições que podem ir do compromisso de abster-se de outros relacionamentos, enquanto estiver na dependência deles, até à exigência de abandono dos estudos, para ser babá do próprio filho; outra seria esses jovens assumirem a responsabilidade de criação do próprio filho, partindo para o mercado de trabalho, sem terem ainda atingido um nível de profissionalização que lhes permita encontrar um bom emprego.

Nenhuma dessas soluções se mostra plenamente satisfatória para os envolvidos, sobretudo para aquele que renasce, por ter que conviver com a turbulência dos conflitos psicológicos que prejudicarão acentuadamente seu crescimento. A última opção, embora possa parecer, a princípio, a mais adequada, pode ocasionar muitos ressentimentos entre os jovens pais, que se acusarão mutuamente, ao longo da experiência em comum, pelas frustrações profissionais e dificuldades materiais que precisarão enfrentar.

Se conseguirmos um diálogo franco e aberto com nossos filhos, poderemos apresentar-lhes essas informações e discutir com eles a questão tão controvertida e propagada do "amor livre". Bem disse Chico Xavier: *"Se é livre, não pode ser amor, porque o amor é com responsabilidade"*. O melhor caminho é o uso da sexualidade com a consciência dessa responsabilidade. E é exatamente a atitude responsável dos jovens enamorados que mostrará aos Espíritos a eles ligados que haverá uma oportunidade para a reencarnação mais à frente, em condições muito mais propícias ao bom êxito do projeto que os traz de volta à vida carnal.

Os caminhos do amor, "Adolescência — Tempo de transformações", Ed. FEB.
De Dalva Silva Souza.

•

2 - Inconveniência, inoportunidade

De forma idêntica, também a ocorrência de gravidez inesperada em outra faixa etária (fase adulta), muitas vezes provoca rejeição, insegurança, impulso de fuga ao compromisso de assumir um (ou mais um) filho, demonstrando ignorância do que rege uma reencarnação.

A mulher está integrada numa sociedade contraditória, que valoriza a maternidade enquanto se empenha em ampliar a legislação que permite o aborto.

Egoisticamente voltada para o seu momento, sua história pessoal, suas dificuldades, freqüentemente considera que interromper uma gravidez constitui saída menos dolorosa do que assumir um filho que lhe traria dificuldades.

Mesmo sob um Código Penal que pune com prisão quem pratica o aborto, salvo em casos de estupro, ou risco de vida para a mãe, nenhuma mulher já foi condenada exclusivamente por esse crime, segundo informação fornecida pelo 1º Tribunal do Júri de São Paulo à revista *Veja* de 17/09/1997.

Assim, situações como crise conjugal ou proximidade de separação, adultério, preocupação com a carreira profissional em ascensão ou medo de desemprego, insuficiência de recursos, preservação da própria liberdade, receio de rejeição familiar, social e/ou religiosa quando a gravidez não se manifesta dentro do padrão de relacionamento tradicional, falta de responsabilidade afetiva, constituem portas abertas a esse crime hediondo, justificado por políticos irresponsáveis, desejosos de ampliar sua popularidade, ao lado de juristas equivocados, ainda ignorantes da Divina Lei.

Segue-se uma série de casos que ilustram o que acabamos de expor.

•

Dolorosa perda

Dentro da noite, defrontamos com aflito coração materno. (...)

— Calderaro! Calderaro! — rogou, ansiosa — ampara minha filha, minha desventurada filha!

....

— Já perdeu a grande oportunidade?

— Ainda não — informou a interlocutora —, mas encontra-se à beira de extremo desastre.

Prometeu o orientador correr à doente em breves minutos, e voltamos à intimidade.

Interessando-me no assunto, o atencioso assistente sumariou o fato.

— Trata-se de lamentável ocorrência — explicou-me, bondoso —, na qual figuram a leviandade e o ódio como elementos perversores. A irmã que se despediu, há momentos, deixou uma filha na crosta planetária, há oito anos. Criada com mimos excessivos, a jovem desenvolveu-se na ignorância do trabalho e da responsabilidade, não obstante pertencer a nobilíssimo quadro social. Filha única, entregue desde muito cedo ao capricho pernicioso, tão logo se achou sem a materna assistência no plano carnal, dominou governantes, subornou criadas, burlou a vigilância paterna e, cercada de facilidades materiais, precipitou-se, aos vinte anos, nos desvarios da vida mundana. Desprotegida, assim, pelas circunstâncias, não se preparou convenientemente para enfrentar os problemas do resgate próprio. Sem a proteção espiritual peculiar à pobreza, sem os abençoados estímulos dos obstáculos materiais, e tendo, contra as suas necessidades íntimas, a profunda beleza transitória do rosto, a pobrezinha renasceu, seguida de perto, não por um inimigo propriamente dito, mas por cúmplice de faltas graves, desde muito desencarnado, ao qual se vinculara por tremendos laços de ódio, em passado próximo. Foi assim que, abusando da liberdade em ociosidade reprovável, adquiriu deveres da maternidade sem a custódia do casamento. Reconhecendo-se agora nesta situação, aos vinte e cinco anos, solteira, rica e prestigiada pelo nome da família, deplora tardiamente os compromissos assumidos e luta, com desespero, por desfazer-se do filhinho imaturo, o mesmo comparsa do pretérito a que me referi; esse infeliz, por "acréscimo de misericórdia divina", busca destarte aproveitar o erro da ex-companheira para a realização de algum serviço redentor, com a supervisão dos nossos maiores.

Ante o espanto que inopinadamente me assaltara, sabendo eu que a reencarnação constitui sempre uma bênção que se concretiza com a ajuda superior, o assistente afiançou, tranqüilizando-me:

— Deus é o Pai amoroso e sábio que sempre nos converte as próprias faltas em remédios amargos, que nos curem e fortaleçam. Foi assim que Cecília, a demente que dentro em pouco visitaremos, recolheu da sua leviandade mesma o extremo recurso, capaz de retificar-lhe a vida... Entretanto, a infortunada criatura reage ferozmente ao socorro divino, com uma conduta lastimável e perversa. Coopero nos trabalhos de assistência a ela, de algumas semanas para cá, em virtude das reiteradas e comoventes intercessões maternas junto a nossos superiores; todavia, acalento vaga esperança numa reabilitação próxima. Os laços entre mãe e filho presuntivo são de amargura e de ódio, consubstanciando energias desequilibrantes; tais vínculos traduzem ocorrência em que o Espírito feminino há que recolher-se ao santuário da renúncia e da esperança, se pretende a vitória. Para isso, para nivelar caminhos salvadores e aperfeiçoar sentimentos, o Supremo Senhor criou o tépido e veludoso ninho do amor materno; contudo, quando a mulher se rebela, insensível às sublimes vibrações da inspiração divina, é difícil, senão impossível, executar o programa delineado. A infortunada criatura, dando asas ao condenável anseio, buscou socorrer-se de médicos que, amparados de nosso plano, se negaram a satisfazer-lhe o criminoso intento; valeu-se, então, de drogas venenosas, das quais vem abusando intensivamente. A situação mental dela é de lastimável desvario.

Findo o breve preâmbulo, Calderaro continuou:

— Mas, não temos minuto a perder. Visitemo-la.

Decorridos alguns instantes, penetrávamos aposento confortável e perfumado.

Estirada no leito, jovem mulher debatia-se em convulsões atrozes. Ao seu lado, achavam-se a entidade materna, na esfera invisível aos olhos carnais, e uma enfermeira terrestre, dessas que, à força de presenciar catástrofes biológicas e dramas morais, se tornam menos sensíveis à dor alheia.

A genitora da enferma adiantou-se e informou-nos:

— A situação é muito grave! Ajudem-na, por piedade! Minha presença aqui se limita a impedir o acesso de elementos perturbadores que prosseguem, implacáveis, em ronda sinistra.

O assistente inclinou-se para a doente, calmo e atencioso, e recomendou-me cooperar no exame particular do quadro fisiológico.

....

O quadro era horrível de ver-se.

Buscando sintonizar-me com a enferma, ouvia-lhe as afirmativas cruéis, no campo do pensamento:

— Odeio!... odeio este filho intruso que não pedi à vida!... Expulsá-lo-ei!... expulsá-lo-ei!...

A mente do filhinho, em processo de reencarnação, como se fora violentada num sono brando, suplicava, chorosa:

— Poupa-me! Poupa-me! Quero acordar no trabalho! Quero viver e reajustar o destino... Ajuda-me! Resgatarei minha dívida!... Pagar-te-ei com amor..., não me expulses! tem caridade!...

— Nunca! Nunca! Amaldiçoado sejas! — dizia a desventurada, mentalmente — prefiro morrer a receber-te nos braços! Envenenas-me a vida, perturbas-me a estrada! Detesto-te! Morrerás! (...)

Calderaro ergueu a cabeça respeitável, encarou-me e perguntou:

— Compreendes a extensão da tragédia?

Respondi afirmativamente, sob indizível impressão.

Nesse instante de nossa angustiosa expectativa, Cecília dirigiu-se com decisão à enfermeira:

— Estou cansada, Liana, muitíssimo cansada, mas exijo a intervenção esta noite!

— Oh! mas assim, nesse estado?! — ponderou a outra.

— Sim, sim — tornou a doente, inquieta —; não quero adiar essa intervenção. Os médicos negaram-se a fazê-la, mas eu conto com a tua dedicação. Meu pai não pode saber disso, e eu odeio esta situação que terminantemente não conservarei.

Calderaro pousou a destra na fronte da responsável pelos serviços de enfermagem, no intuito evidente de transmitir alguma providência conciliatória, e a enfermeira ponderou:

— Tentemos algum repouso, Cecília. Modificarás possivelmente esse plano.

— Não, não — objetou a imprevidente futura mãe, com mau humor indisfarçável —; minha resolução é inabalável. Exijo a intervenção esta noite.

Malgrado a negativa peremptória, sorveu o cálice de sedativo que a companheira lhe oferecia, atendendo-nos a influência indireta.

Consumara-se a medida que o meu instrutor desejava.

Parcialmente desligada do corpo físico, em compulsória modorra, pela atuação calmante do remédio, Calderaro aplicou-lhe fluidos magnéticos sobre o disco foto-sensível do aparelho visual, e Cecília passou a ver-nos, embora imperfeitamente, detendo-se, admirada, na contemplação da genitora. (...)

A matrona desencarnada avançou, abraçou-se a ela e pediu, ansiosa:

— Filha querida, venho a ti para que te não abalances à sinistra aventura que planejas. Reconsidera a atitude mental e harmoniza-te com a vida. Recebe minhas lágrimas como apelo do coração. Por piedade, ouve-me! Não te precipites nas trevas, quando a mão divina te abre as portas da luz. Nunca é tarde para recomeçar, Cecília, e Deus, em seu infinito devotamento, transforma as nossas faltas em redes de salvação.

A mente desvairada da ouvinte recordou as convenções sociais, de modo vago, como se vivera um minuto de pesadelo indefinível.

A palavra materna, porém, continuou:

— Socorre-te da consciência, antes de tudo! O preconceito é respeitável, a sociedade tem os seus princípios justos; entretanto, por vezes, filhinha, surge um momento na esfera do destino e da dor, em que devemos permanecer com Deus, exclusivamente. Não abandones a coragem, a fé, o desassombro... A maternidade, iluminada pelo amor e pelo sacrifício, é feliz em qualquer parte, ainda mesmo quando o mundo, ignorando a causa de nossas quedas, nos nega recursos à reabilitação, relegando-nos à reincidência e ao desamparo. Por agora, defrontarás com a tormenta de lágrimas; o temporal da incompreensão e da intolerância vergastará teu rosto... Contudo, a bonança voltará. O caminho é empedrado e árido, os espinhos dilaceram, mas terás, de encontro ao coração, um filhinho amoroso, indicando-te o futuro! Em verdade, Cecília, deverias erguer teu ninho de felicidade na árvore do equilíbrio, glorificando, em paz, a realização de cada dia e a bênção de cada noite; entretanto, não pudeste esperar... Cedeste aos golpes infrenes da paixão, abandonaste o ideal aos primeiros impulsos do desejo. Em vez de construir na tranqüilidade e na confiança, em bases seguras, elegeste o caminho perigoso da precipitação. Agora, é imprescindível evitar o despenhadeiro fatal, contornar a voragem traiçoeira, agarrando-te ao salva-vidas do supremo dever. Volta, pois, minha filha, à serenidade do princípio, e resigna-te ante o novo aspecto que imprimiste ao próprio roteiro, aceitando o ministério da maternidade dolorosa com o sacrifício de encantadoras aspirações. No silêncio e na obscuridade da proscrição social, muitas vezes logramos a felicidade de conhecer-nos. O desprezo público, se precipita os mais fracos no esquecimento de si mesmos, ergue os fortes para Deus, sustentando-os no trilho anônimo das obrigações humildes, até à montanha da redenção. É provável que teu pai te amaldiçoe, que os nossos entes mais caros na Terra te menoscabem e tentem aviltar; no entanto, que martírio não enobrecerá o Espírito disposto ao resgate dos seus débitos, com dedicação ao bem e serenidade na dor? Não será melhor a coroa de espinhos na fronte do que o monte de brasas na consciência? O mal pode perder-nos e transviar-nos; o bem retifica sempre. Além disto, se é certo que o padecimento da vergonha açoitará tua sensibilidade, a glória da maternidade resplenderá em teu caminho... (...)

A enferma escutava, quase indiferente, disposta a não capitular. Recebia os apelos maternos, sem alteração de atitude. A mãezinha, porém, mobilizando todos os recursos ao seu alcance, prosseguia após intervalo mais longo:

— Ouve, Cecília! não fiques nessa atitude impassível. Não isoles do cérebro o coração, a fim de que teu raciocínio se beneficie com o sentimento, de modo a venceres na prova áspera. Não te detenhas em primazias da forma física, nem suponhas que a beleza espiritual e eterna erga seu templo no corpo de carne, em trânsito para o pó. A morte virá de qualquer modo, trazendo a realidade que confunde a ilusão. Não persistas no véu da mentira. Humilha-te na renúncia construtiva, toma a tua cruz e segue para a compreensão mais alta... (...)

Foi então que Cecília, infundindo-me assombro pela agressividade, objetou em pensamento:

— Como não me disseste isso antes? Na Terra, sempre satisfazias meus desejos. Nunca me permitiste o trabalho, favoreceste-me o ócio, fizeste-me crer em posição mais elevada que a das outras criaturas, incutiste-me a suposição de que todos os privilégios especiais me eram devidos; não me preparaste, enfim! Estou sozinha, com um problema atribulativo... Não tenho, agora, coragem de humilhar-me... Esmolar serviço remunerado não é o ideal que me deste, e enfrentar a vergonha e a miséria será para mim pior que morrer. Não, não!... Não desisto, nem mesmo à tua voz que, a despeito de tudo, ainda amo!... É-me impossível retroceder... (...)

A venerável matrona chorou com mais amargura, agarrou-se à filha com mais veemência e suplicou:

— Perdoa-me pelo mal que te fiz, querendo-te em demasia... Ó filha querida, nem sempre o amor humano avança vigilante! Por vezes a cegueira nos compele a erros clamorosos, que só o golpe da morte em geral expunge. Não consideras, porém, a minha dor? Reconheço minha participação indireta em teu presente infortúnio, mas entendendo, agora, a extensão e a delicadeza dos deveres maternos, não desejo que venhas colher espinhos no mesmo lugar onde sofro os resultados amargos de minha imprevidência. Porque eu haja errado por excesso de ternura, não te desvies por acúmulo de ódio e de inconformação. Depois do sepulcro, o dia do bem é mais luminoso, e a noite do mal é, sobremaneira, mais densa e tormentosa. Aceita a humilhação como bênção, a dor como preciosa oportunidade. Todas as lutas terrenas chegam e passam; ainda que perdurem, não se eternizam. Não compliques, pois, o destino. Submeto-me às tuas exprobrações. Merece-as quem, como eu, olvidou a floresta das realizações para a eternidade, retendo-se voluntariamente no jardim dos caprichos amenos, onde as flores não se ostentam mais do que por fugaz minuto. Esqueci-me, Cecília, da enxada benfazeja do esforço próprio, com a qual devera arrotear o solo de nossa vida, semeando dádivas de trabalho edificante, e ainda não chorei suficientemente, para redimir-me de tão lastimável erro. Todavia, confio em ti, esperando que te não suceda o mesmo na áspera trilha da regeneração. Antes mendigar o pão de cada dia, amargar os remoques da maldade humana, aí na Terra, que menosprezar o pão das oportunidades de Deus, permitindo que a crueldade nos avassale o coração. O sofrimento dos vencidos no combate humano é celeiro de luz da experiência. (...) Para esses, uma perene era de paz fulgurará no horizonte, porquanto a realidade não os surpreende quando o frio do túmulo lhes assopra o coração. A verdade se lhes faz amiga generosa; a esperança e a compreensão lhes serão companheiras fiéis! Retorna, minha filha, a ti mesma; restaura a coragem e o otimismo, malgrado as nuvens ameaçadoras que te pairam na mente em delírio... Ainda é tempo! Ainda é tempo!

A enferma, contudo, fez supremo esforço por tornar ao invólucro de carne, pronunciando ríspidas palavras de negação, inopinadas e ingratas. (...)

Enquanto a entidade materna se debulhava em lágrimas, a doente, conturbada pelas emissões mentais em que se comprazia, dirígiu-se à enfermeira, reclamando:

— Não posso! Não posso mais! Não suporto... A intervenção, agora! Não quero perder um minuto!

Fixando a companheira, por alguns instantes, com terrífica expressão, ajuntou:

— Tive um pesadelo horrível... Sonhei que minha mãe voltava da morte e me pedia paciência e caridade! Não, não!... Irei até ao fim! Preferirei o suicídio, afinal!

Inspirada pelo meu orientador, a enfermeira fez ainda várias ponderações respeitáveis.

Não seria conveniente aguardar mais tempo? Não seria o sonho um providencial aviso? O abatimento de Cecília era enorme. Não se sentiria amparada por uma intervenção espiritual? Julgava, desse modo, oportuno adiar a decisão.

A paciente, no entanto, ficou irredutível. E, com assombro nosso, ante a genitora desencarnada, em pranto, a operação começou, com sinistros prognósticos para nós, que observamos a cena, sensibilizadíssimos.

Nunca supus que a mente desequilibrada pudesse infligir tamanho mal ao próprio patrimônio.

A desordem do cosmo fisiológico acentuou-se, instante a instante.

Penosamente surpreendido, prossegui no exame da situação, verificando com espanto que o embrião reagia ao ser violentado, como que aderindo, desesperadamente, às paredes placentárias.

A mente do filhinho imaturo começou a despertar à medida que aumentava o esforço de extração. Os raios escuros não partiam agora só do encéfalo materno; eram igualmente emitidos pela organização embrionária, estabelecendo maior desarmonia.

Depois de longo e laborioso trabalho, o entezinho foi retirado afinal...

Assombrado, reparei, todavia, que a ginecologista improvisada subtraía ao vaso feminino somente pequena porção de carne inânime, porque a entidade reencarnante, como se a mantivessem atraída ao corpo materno forças vigorosas e indefiníveis, oferecia condições especialíssimas, adesa ao campo celular que a expulsava. (...)

Não estaríamos, ali, perante duas feras terrivelmente algemadas uma à outra? O filhinho que não chegara a nascer transformara-se em perigoso verdugo do psiquismo materno. Premindo com impulsos involuntários o ninho de vasos do útero, precisamente na região onde se efetua a permuta dos sangues materno e fetal, provocou ele o processo hemorrágico, violento e abundante.

Observei mais.

Deslocado indebitamente e mantido ali por forças incoercíveis, o organismo perispirítico da entidade, que não chegara a renascer, alcançou em movimentos espontâneos a zona do coração. Envolvendo os nódulos da aurícula direita, perturbou as vias do estímulo, determinando choques tremendos no sistema nervoso central.

Tal situação agravou o fluxo hemorrágico, que assumiu intensidade imprevista, compelindo a enfermeira a pedir socorros imediatos, depois de delir, como pôde, os vestígios de sua falta.

— Odeio-o! Odeio-o! — clamava a mente materna em delírio, sentindo ainda a presença do filho na intimidade orgânica. — Nunca embalarei um intruso que me lançaria à vergonha!

Ambos, mãe e filho, pareciam agora, por dizer mais exatamente, sintonizados na onda de ódio, porque a mente dele, exibindo estranha forma de apresentação aos meus olhos, respondia, no auge da ira:

— Vingar-me-ei! Pagarás ceitil por ceitil! Não te perdoarei!... Não me deixaste retomar a luta terrena, onde a dor, que nos seria comum, me ensinaria a desculpar-te pelo passado delituoso e a esquecer minhas cruciantes mágoas... Renegaste a prova que nos conduziria ao altar da reconciliação. Cerraste-me as portas da oportunidade redentora; entretanto, o maléfico poder, que impera em ti, habita igualmente minha alma... Trouxeste à tona de minha razão o lodo da perversidade que dormia dentro em mim. Negas-me o recurso da purificação, mas estamos agora novamente unidos e arrastar-te-ei para o abismo... Condenaste-me à morte, e, por isso, minha sentença é igual. Não me deste o descanso, impediste meu retorno à paz da consciência, mas não ficarás por mais tempo na Terra... Não me quiseste para o serviço do amor... Portanto, serás novamente minha para a satisfação do ódio. Vingar-me-ei! Seguirás comigo!

Os raios mentais destruidores cruzavam-se, em horrendo quadro, de espírito a espírito.

....

Em seguida, o assistente convidou-me a sair, acrescentando:

— Verificar-se-á a desencarnação dentro de algumas horas. O ódio, André, diariamente extermina criaturas no mundo, com intensidade e eficiência mais arrasadoras que as de todos os canhões da Terra troando a uma vez. É mais poderoso, entre os homens, para complicar os problemas e destruir a paz, que todas as guerras conhecidas pela Humanidade no transcurso dos séculos. Não me ouves mera teoria. Viveste conosco, nestes momentos, um fato pavoroso, que todos os dias se repete na esfera carnal. Estabelecido o império de forças tão detestáveis sobre essas duas almas desequilibradas, que a Providência procurou reunir no instituto da reencarnação, é necessário confiá-las doravante ao tempo, a fim de que a dor opere os corretivos indispensáveis.

— Oh! — exclamei aflito, contemplando o duelo de ambas as mentes torturadas —, como ficarão? Permanecerão entrelaçadas, assim? E por quanto tempo?

Calderaro fitou-me com o acabrunhamento de um soldado valoroso que perdeu temporariamente a batalha, e informou:

— Agora, nada vale a intervenção direta. Só poderemos cooperar com a oração do amor fraterno, aliada à função renovadora da luta cotidiana. Consumou-se para ambos doloroso processo de obsessão recíproca, de amargas conseqüências no espaço e no tempo, e cuja extensão nenhum de nós pode prever.

No mundo maior, "Dolorosa perda", Ed. FEB.
De Francisco Cândido Xavier, pelo Espírito André Luiz.

•

Infortúnio materno

Em pleno hospital da Espiritualidade, pobre criatura estendeu-nos o olhar suplicante e rogou:

— O senhor consegue escrever para a Terra?

— Quando mo permitem — repliquei entre pesaroso e assombrado.

Quem era aquela mulher que me interpelava desse modo?

A fisionomia escaveirada exibia recordações da morte. A face inundada de pranto tinha esgares de angústia e as mãos esqueléticas e entrefechadas davam a idéia de garras em forma de conchas.

Dante não conseguiria trazer do Inferno imagem mais desolada de sofrimento e terror.

— Escreva, escreva! — repetia chorando.

— Mas escrever a quem?

— Às mulheres... — clamou a infeliz. — Rogue-lhes não fujam da maternidade nobre e digna... peço não façam do casamento uma estação de egoísmo e ociosidade...

Os soluços a lhe rebentarem do peito induziam-nos a doloroso constrangimento.

E a infeliz contou em lágrimas:

— Estive na Terra, durante quase meio século... Tomei corpo entre os homens, após entender-me com um amigo dileto que seguiu, antes de mim, no rumo da arena carnal, onde me recebeu nos braços de esposo devotado e fiel. Com assentimento dos instrutores, cuja bondade nos obtivera o retorno à escola física, comprometemo-nos a recolher oito filhinhos, oito corações de nosso próprio passado espiritual, que por nossa culpa direta e indireta jaziam nas furnas da crueldade e da indisciplina... Cabia-nos acolhê-los carinhosamente, renovando-lhes o espírito, ao hálito de nosso amor... Suportar-lhes-íamos as falhas renascentes, corrigindo-as pouco a pouco, ao preço de nossos exemplos de bondade e renúncia...

Nós mesmos solicitáramos semelhante serviço... Para alcançar mais altos níveis de evolução, suplicamos a prova reparadora... Saberíamos morrer gradativamente no sacrifício pessoal, para que os associados de nossos erros diante da Lei Divina recuperassem a noção da dignidade.

A triste narradora fez longa pausa que não ousamos interromper e continuou:

— Entretanto, casando-me com Cláudio, o amigo a que me reportei, fui mãe de um filhinho, cujo nascimento não pude evitar...

Paulo, o nosso primogênito, era uma pérola tenra em nossas mãos... Despertava em meu ser comoções que o verbo humano não consegue reproduzir... Ainda assim, acovardada perante a luta, por mais me advertisse o esposo abençoado, transmitindo avisos e apelos da Vida Superior, detestei a maternidade, asilando-me no prazer... Cláudio era compelido a gastar largas somas para satisfazer-me nos caprichos da moda... Mas a frivolidade social não era o meu crime... Nas reuniões mundanas mais aparentemente vazias pode a alma aprender muito quando resolve servir ao bem... Cristalizada, contudo, na preguiça, qual flor inútil a viver no luxo dourado, por 12 vezes pratiquei o aborto confesso... Surda aos ditames da consciência que me ordenava o apostolado maternal, expulsei de mim os antigos laços que em outro tempo se acumpliciavam comigo na delinqüência, assassinando as horas de trabalho que o Senhor me havia facultado no campo feminino... E, após vinte anos de teimosia delituosa, ante o auxílio constante que me era conferido pelo Amparo Celestial, nossos benfeitores permitiram, para minha edificação, fosse eu entregue aos resultados de minha própria escolha... Enlaçada magneticamente àqueles que a Divina Bondade me restituiria por filhos ao coração e aos quais recusei guarida em minha ternura, fui obrigada a tolerar-lhes o assalto invisível, de vez que, seis deles, extremamente revoltados contra a minha ingratidão, converteram-se em perseguidores de minha felicidade doméstica... Fatigado de minhas exigências, meu esposo refugiou-se no vício, terminando a existência num suicídio espetacular... Meu filho, ainda jovem, sob a pressão dos perseguidores ocultos que formei para a nossa casa, caiu nas sombras da alienação mental, desencarnando em tormento indescritível num desastre da via pública, e eu... pobre de mim, abordando a madureza, conheci a dolorosa tumoração das próprias entranhas... A veste carnal, como que horrorizada de minha presença, expulsou-me para os domínios da morte, onde me arrastei largo tempo, com todos os meus débitos terrivelmente agravados, sob a flagelação e o achincalhe daqueles a quem podia ter renovado com o bálsamo de meu leite e com a bênção de minha dor...

A desditosa enferma enxugou as lágrimas com que nos acordava para violenta emoção e terminou:

— Fale de minha experiência às nossas irmãs casadas e robustas que dispõem de saúde para o doce e santo sacrifício de mãe! Ajude-as a pensar... Que não transformem o matrimônio na estufa de flores inebriantes, e improdutivas, cujo perfume envenenado lhes abreviará o passo na direção das trevas... Escreva!... Diga-lhes algo do martírio que espera, além da morte, quantos quiseram ludibriar a vida e matar as horas.

A mísera doente, sustentada por braços amigos, foi conduzida a vasta câmara de repouso e, impressionados com tamanho infortúnio, tentamos cumprir-lhe o desejo e transmitir-lhe a palavra; contudo, apesar do respeito que consagramos à mulher de nosso tempo, cremos que o nosso êxito seria mais seguro se caminhássemos para um cemitério e assoprássemos a mensagem para dentro de cada túmulo.

Contos e apólogos, "Infortúnio materno", Ed. FEB.
De Francisco Cândido Xavier, pelo Espírito Irmão X.

•

Lola-Leila

I

Sempre Lola Mendez.

Borboleta humana expressando mulher. Perfumaria e seda farfalhante.

Bailarina admirável. Estonteante beleza.

Transportava a graça nos pés. Ao fim de cada espetáculo, era o centro das atenções. Ceias lautas. Esvaziam-se garrafas e bolsas.

Dentre todos os admiradores, porém, salientavam-se dois que, por ela, arruinaram a própria vida: Dom Gastão Álvares de Toledo, que abandonara esposa e filhos para fazer-lhe a corte, e Dom Jairo Carízio, que assassinara o próprio pai, às ocultas, para ofertar-lhe mais ouro.

Lola, entretanto, queria mais.

Soberana da ribalta, envolvia-os em sorrisos maliciosos.

Explorou-lhes o coração, até que se vissem, revoltados, um à frente do outro, em duelo fatal.

Dom Jairo, mais forte, eliminou o rival, com estocada irresistível; no entanto, obsidiado pela vítima, desceu, a breve tempo, para a caverna da loucura, onde encontrou a morte.

Lola Mendez dançou e bebeu por muito tempo ainda...

Um dia, o espelho contou-lhe a história da velhice.

Rosto enrugado. Cabeça branca. Passo lento.

Amedrontada, aprendeu a encontrar o socorro da prece.

E quando o túmulo lhe acomodou os restos no esquife estreito, veio a saber que Dom Gastão não morrera, que Dom Jairo padecia as conseqüências dos próprios crimes, e que ela própria vivia.

Chorou. Desesperou-se.

Peregrina do sofrimento, errou longo tempo nas trevas.

Um dia, mãos piedosas traçaram-lhe nova senda.

Renasceria no mundo. Seria pobre, muito pobre. Esconderia em lar humilde a passada grandeza.

E, ao lado de homem simples, receberia Dom Gastão e Dom Jairo como filhos, para reeducá-los. Ela que os havia moralmente aniquilado, na posição de mulher inconstante, reabilitá-los-ia com devotamento de mãe.

II

Lola renasceu.

Chamava-se agora Leila.

Menina apagada. Recomeço laborioso. Trabalho árduo.

Antes dos vinte, desposou Luís Fernandes, metalúrgico modesto.

Segundo o plano estabelecido, os antigos rivais lhe encontraram a rota.

Ressurgiram do seu sangue. Seriam irmãos gêmeos, desfazendo toda a discórdia.

A antiga devedora, contudo, novamente em plenitude juvenil, aspirava a gozar... Queria jóias, prazeres, descanso, luxo...

E, fugindo aos compromissos, praticou o aborto criminoso por quatro vezes, expulsando-os do corpo e do pensamento, como se fossem agentes da peste.

Dom Gastão e Dom Jairo, reunidos agora no mesmo instinto de esperança, rogaram-lhe compaixão. Buscavam-na em sonho. Argumentavam. Queriam viver.

A antiga bailarina, porém, recalcitrava...

Banidos violentamente pela quinta vez, ambos tramaram vindita, enceguecidos de ódio.

E quando Lola, agora Leila, se divertia, à distância do esposo, influenciaram-na, totalmente.

Ela se põe a ingerir bebidas alcoólicas.

Noite alta, a moça leviana toma o carro de um amigo, que se propõe conduzi-la de volta.

O velocímetro acusa quarenta, sessenta e, depois, noventa quilômetros por hora.

Dom Gastão e Dom Jairo, excitados, pressionam a mente da amiga, que, com o terror estampado nos olhos, se diz dominada por fantasmas.

Acreditando-a sob o domínio exclusivo da embriaguez, o acompanhante da noite alegre procura contê-la, sem largar o volante.

Atritam-se. E antes que o freio funcionasse, abre-se a porta, e Leila, ontem Lola, cai no asfalto, partindo o crânio.

O carro dispara, na madrugada cinzenta.

E de tudo o que ficou, entre os homens, nas anotações da manhã seguinte, foi o número da ambulância que recolheu na rua um corpo de mulher morta...

Do outro lado da vida, porém, Leila era violentamente agarrada por dois feros algozes...

A vida escreve, "Lola-Leila", Ed. FEB.
De Francisco Cândido Xavier e Waldo Vieira, pelo Espírito Hilário Silva.

Seara de ódio

— Não! não te quero em meus braços! — dizia a jovem mãe, a quem a Lei do Senhor conferia a doce missão da maternidade, para o filho que lhe desabrochava do seio — não me furtarás a beleza! Significas trabalho, renunciação, sofrimento...

— Mãe, deixa-me viver!... — suplicava-lhe a criancinha no santuário da consciência — estamos juntos! Dá-me a bênção do corpo! Devo lutar e regenerar-me. Sorverei contigo a taça de suor e lágrimas, procurando redimir-me... Completar-nos-emos. Dá-me arrimo, dar-te-ei alegria. Serei o rebento de teu amor, tanto quanto serás para mim a árvore de luz, em cujos ramos tecerei o meu ninho de paz e de esperança...

— Não, não...

— Não me abandones!

— Expulsar-te-ei.

— Piedade, mãe! Não vês que procedemos de longe, alma com alma, coração a coração?

— Que importa o passado? Vejo em ti tão-somente o intruso, cuja presença não pedi.

— Esqueces-te, mãe, de que Deus nos reúne? Não me cerres a porta!...

— Sou mulher e sou livre. Sufocar-te-ei antes do berço...

— Compadece-te de mim!...

— Não posso. Sou mocidade e prazer, és perturbação e obstáculo.

— Ajuda-me!

— Auxiliar-te seria cortar em minha própria carne. Disputo a minha felicidade e a minha leveza feminil...

— Mãe, ampara-me! Procuro o serviço de minha restauração...

— Dia a dia, renovava-se o diálogo sem palavras, até que, quando a criança tentava vir à luz, disse-lhe a mãezinha cega e infortunada, constrangendo-a a beber o fel da frustração:

— Torna à sombra de onde vens! Morre! Morre!

— Mãe, mãe! Não me mates! Protege-me! Deixa-me viver...

— Nunca!

— Socorre-me!

— Não posso.

Duramente repelido, caiu o pobre filho nas trevas da revolta e, no anseio desesperado de preservar o corpo tenro, agarrou-se ao coração dela, que destrambelhou, à maneira de um relógio desconsertado...

Ambos, então, ao invés de continuarem na graça da vida, precipitaram-se no despenhadeiro da morte.

Desprovidos do invólucro carnal, projetaram-se no Espaço, gritando acusações recíprocas.

Achavam-se, porém, imanados um ao outro, pelas cadeias magnéticas de pesados compromissos, arrastando-se por muito tempo, detestando-se e recriminando-se mutuamente...

A sementeira de crueldade atrairá a seara de ódio. E a seara de ódio lhes impunha nefasto desequilíbrio.

Anos e anos desdobraram-se, sombrios e inquietantes, para os dois, até que, um dia, caridoso Espírito de mulher recordou-se deles em preces de carinho e piedade, como a ofertar-lhes o próprio seio. Ambos responderam, famintos de consolo e renovação, aceitando o generoso abrigo...

Envolvidos pela carícia maternal, repousaram enfim.

Brando sono pacificou-lhes a mente dolorida.

Todavia, quando despertaram de novo na Terra, traziam o estigma do clamoroso débito em que se haviam reunido, reaparecendo, entre os homens, como duas almas apaixonadas pela carne, disputando o mesmo vaso físico, no triste fenômeno de um corpo único, sustentando duas cabeças.

Contos e apólogos, "Seara de ódio", Ed. FEB.
De Francisco Cândido Xavier, pelo Espírito Irmão X.

•

Depoimento dado à nossa equipe

V. N., casada, bonita, alegre, apreciadora de festas, viagens e reuniões sociais. Realizou entre os 22 e os 26 anos de idade três abortos, exercendo o próprio livre-arbítrio. Justificava-se afirmando:

— Meu marido não quer crianças atrapalhando nossas viagens e nossa vida.

— Ele exige muito de mim.

— Meu marido deseja que eu permaneça com o mesmo corpo de solteira. Não quero engravidar.

— Considero gestação, amamentação, etc. coisas muito animalizadas. Tiram a poesia e o encanto da vida.

Conseqüência: hoje divorciada, 45 anos, portadora de endometriose, perdeu a oportunidade de ser mãe. Na triste condição de mulher magoada, contempla com desagrado o marido: pai de dois filhos com a "outra mulher".

•

O DIREITO DA MULHER

Invoca-se o direito da mulher sobre o seu próprio corpo como argumento para a descriminalização do aborto, entendendo que o filho é propriedade da mãe, não tem identidade própria e é ela quem decide se ele deve viver ou morrer.

Não há dúvida quanto ao direito de escolha da mulher em ser ou não ser mãe. Esse direito ela o exerce, com todos os recursos que os avanços da Ciência têm proporcionado antes da concepção, quando passa a existir, também, o direito de um outro ser, que é o do nascituro, o direito à vida, que se sobrepõe ao outro.

Estudos científicos recentes demonstram o que já se sabia há muito tempo: o feto é uma personalidade independente que apenas se hospeda no organismo materno. O embrião é um ser tão distinto da mãe que, para manter-se vivo dentro do útero, necessita emitir substâncias apropriadas para neutralizar as que são produzidas pelo organismo da hospedeira com o objetivo de expulsá-lo como corpo estranho.

"O aborto na visão espírita"
Reformador, fev. 2000.

•

3 - Doença transmissível e/ou debilitante

O aborto em situações nas quais o reencarnante parece fadado a receber dos pais doença de difícil reversão pode até ser percebido como ação heróica de nobre propósito, mas equivocadamente, posto que desconhece os desígnios da Providência, como demonstrado nos dois casos seguintes:

— Em 1998, um caso dramático modificou muitas opiniões anteriormente favoráveis ao aborto. Vamos intitulá-lo: "Não quero mais filhos iguais a mim".

Trata-se de situação de gravidez inesperada, resultante de adultério, vivida por mãe contaminada pelo vírus HIV.

M. S., 25 anos, casada, comerciária, soropositiva. Contaminada pelo marido, que recebeu o vírus através de uma transfusão de sangue, após acidente de moto.

Há três anos, grávida, encheu-se de coragem e deixou nascer o bebê. Tornou-se mãe de um belo menino, também soropositivo.

Viveu meses terríveis. O filhinho não aceitava bem nenhum tipo de leite, perdia peso, foi repetitivamente internado em hospital, passou por todas as dificuldades que acompanham a reencarnação de um Espírito que já entra na vida física acompanhado pelo HIV recebido dos pais.

Revoltada pelo "destino injusto e ingrato", M. S. abandonou esposo e filho. Foi morar no Sul, hospedada em casa de parentes desconhecedores da trágica situação. Irresponsável, sentiu-se "livre, solta, desembaraçada dos problemas, emocionalmente renovada". Optou pela fuga à realidade, ignorante das voltas que a vida programa, reconduzindo cada um aos deveres esquecidos.

Retornando ao mercado de trabalho, conheceu um empresário com quem decidiu "morar junto e refazer a vida". Apesar dos cuidados, a ruptura de uma peça de uso íntimo levou-a a nova gravidez. Sem revelar a causa principal da decisão, o HIV, tentou dialogar com o companheiro, sugerindo aborto urgente. Não esperava, contudo, a alegria do parceiro ante a notícia de paternidade, frustrando a possibilidade de levar adiante a infeliz idéia.

Novamente optou pela fuga à realidade desconfortável. Retornou ao Rio de Janeiro, ávida em obter recursos para abortar, visando não repetir a situação que tanto a havia desgostado. Pela mão fraterna de amigos foi reconduzida ao lar de onde havia saído na calada da noite, qual ladra da felicidade, do equilíbrio e da paz de uma família — a sua família.

Surpreendeu-se, recebida pelo marido com perdão, carinho, respeito imerecido e saudade. Reencontrou o filhinho com dois anos, já quase livre da presença do HIV no organismo por graça de Deus e tratamento disciplinado.

Obstinada em ver-se livre da gravidez indesejada, insistiu na prática do aborto, apesar de esclarecida quanto à ação criminosa que planejava executar.

A misericórdia divina — que jamais deixa de comparecer em qualquer circunstância — manifestou-se pela boa vontade amorosa de uma vizinha que, incapacitada fisicamente para a maternidade, rogou oportunidade de perfilhar o reencarnante, ciente das dificuldades que poderiam ocorrer caso nascesse, novamente, uma criança soropositiva. O casal de vizinhos alegou até prática em relação à situação, visto terem sido eles as mãos amigas que ampararam pai e filho doentes, quando abandonados de forma brusca e inesperada.

Apresentou-se, então, para M. S., um problema difícil de resolver: os vizinhos oferecendo-se para perfilhar e acolher o bebê reencarnante. Com amor, cuidados, desvelo, educação esmerada, tratamento médico com excelente plano de saúde e tudo mais que fosse necessário ao tão desejado filho que chegaria a seus braços através de mãe que, em vez de abortá-lo, simplesmente limitaria o contato à "hospedagem gestacional" de 9 meses. Só isso!

Mas isso teria um preço: M. S. teria que conviver com a visão permanente do filho rejeitado, fruto de adultério, crescendo e desenvolvendo-se na proximidade de sua casa. Verdadeira prova viva de seu desamor e falta de coragem para assumir situações criadas por ela mesma, possível portador da doença que já infelicitava a todos na família. Doença que, caso se apresentasse, poderia ser debelada — como no caso do filho mais velho — à custa de grande sacrifício, esforço e abnegação, mas por parte de outra mãe.

Orgulho, vaidade, vergonha, egoísmo, indiferença, crueldade fria e premeditada, somados a outros sentimentos equivocados venceram. Mostrando sua pior face, emoções convulsas e desequilibradas, M. S. permaneceu irredutível no propósito do aborto delituoso.

Em vão, o casal amigo suplicou a oportunidade de receber o reencarnante como filho amado, por quem não pouparia esforços nem cansaço. Fez-se surda, também, às ponderações do marido, que às portas da morte desejava ver preservada a vida. Tudo em vão!

Acompanhada pela vizinha, empenhada até o último instante em dissuadi-la de praticar um ato hediondo, que traria funestas conseqüências, M.S. concluiu, numa clínica marginal, o crime contra uma vítima inteiramente indefesa — seu filho.

Dias depois, uma folha de papel impressa em computador era responsável pelo maior choque emocional, ante uma notícia, já recebido por M. S. em seus 25 anos de vida, repleta de erros e complicações. Exame de laboratório do sangue da criancinha abortada, encomendado pela vizinha desolada revelou: RESULTADO NEGATIVO. A criança não era soropositiva.

•

E A VIDA CONTINUA...

Evelina e Fantini apanharam informes rápidos em torno daquela a quem passariam tanto a dever.[4]

Tratava-se de mulher jovem, esposa de um lavrador que a tuberculose devorava, e mãe de quatro filhinhos em cons-

---

[4] Programação de retorno de Desidério à experiência carnal:
a) Objetivo — encaminhá-lo ao lar de Amâncio e Brígida, casal já idoso, para reajuste na condição de filho adotivo.
b) Encarregados de promover a oportunidade reencarnatória — Ernesto Fantini e Evelina, filha (já desencarnada) de Brígida — e do próprio Desidério.
c) Casal escolhido para veículo de reencarnação, Joaquim e Mariana, que, apesar das condições de extrema penúria material, doença grave, quatro outros filhos pequenos, incapacitação dele para o trabalho e outras dificuldades, não hesitou em aceitar o quinto filho.
Pelo texto, podemos apreciar os méritos espirituais adquiridos por Joaquim e Mariana com esse comportamento: aceitar, com amor e boa vontade, a vinda de um filho não planejado. — **Nota da Editora.**

trangedoras necessidades. Ela mesma, Dona Mariana, como era conhecida, já se achava em condições orgânicas deficitárias, sentenciada a contrair a moléstia, embora a tuberculose não assuma, na atualidade, entre os homens, a periculosidade que se lhe atribuía em outros tempos. Sucede, porém, que tanto o esposo quanto ela própria estavam encerrando valioso ciclo de provas regeneradoras no mundo e não conseguiriam sustentar-se, na frágil armadura de carne, por muito tempo. Desidério ser-lhes-ia o rebento derradeiro, antes da desencarnação, e aos dois amigos espirituais, erigidos ao encargo de guardiães, caberia o santo dever de criar as circunstâncias pelas quais o recém-nato entrasse no lar do velho casal Terra, na posição de filho adotivo.

Noite alta no plano físico...

Mariana, em desdobramento espiritual através do sono comum, penetrou a sala em que Ribas e os amigos a esperavam.

Escoltada carinhosamente por um mensageiro, a recém-chegada não poderia apresentar-se de maneira mais simples.

Ao defrontar-se com os benfeitores, deteve-se perante Ribas, com a lucidez que lhe era possível, e, magnetizada talvez por aquele olhar brando e sábio, ajoelhou e pediu-lhe a bênção.

O Mentor, recalcando a emoção de que fora tangido, afagou-lhe a fronte, rogou a Jesus para que a protegesse e recomendou:

— Levante-se, Mariana, temos algo a conversar...

Ao vê-la convenientemente sentada, o orientador apresentou-lhe Evelina e Ernesto, demorando-se, todavia, a salientar Evelina, a fim de que ela lhe guardasse mais vivamente a figura na tela da memória, quando tornasse ao corpo denso:

— Esta é a irmã que velará por você, na próxima gravidez. Por favor, Mariana, esforce-se para retê-la na lembrança!...

A interpelada fitou-a com simpatia e implorou:

— Anjo de Deus, compadecei-vos de mim!...

A filha de Brígida, emocionada, retificou, de olhos úmidos:

— Mariana, não sou um anjo, sou apenas sua irmã.

A jovem mãe, cujo corpo descansava no mundo de matéria grosseira, como que espiritualmente muito distante da formosa paisagem doméstica, a que se acolhia, para deter-se tão-só na alegria de ser útil, voltou-se para Ribas, com quem já tivera entendimentos anteriores, e notificou, tomada de apreço filial:

— Meu pai, cumprirei a vontade de Deus, recebendo mais um filho, e aguardo a vossa proteção. Joaquim, meu esposo, está mais fraco, mais doente... Lavo e passo, trabalho quanto posso, mas ganho pouco... Quatro filhos pequenos!... Ignoro se já sabeis, mas nosso barraco não está resistindo às chuvas... Quando o vento atravessa as paredes rachadas, Joaquim piora, tosse muito!... Não estou a queixar-me, meu pai, mas peço o vosso auxílio!...

— Oh! Mariana — respondeu o Mentor, sensibilizado —, não tema! Deus não nos abandona! Seus filhinhos serão sustentados e, muito em breve, você e Joaquim estarão numa casa grande...

— Confio em Deus e em vós!...

Não sabia a devotada criatura que o Instrutor se reportava à próxima desencarnação do casal, quando, por merecimento genuíno, teriam os dois cônjuges novo domicílio na vida maior.

Mariana voltou, agora custodiada também por Evelina e Fantini, à rústica habitação que o vento castigava e, em retomando o corpo, o coração bateu-lhe descompassado, ante o júbilo que se lhe represava no peito, e acordou o marido:

— Joaquim!... Joaquim!...

E, enquanto ele, estremunhado, articulava monossílabos:

— No sonho, acabei de encontrar o velho que já vi outras vezes... Ele disse que vamos ter mais um filho!...

— Que mais?

— Disse que nós dois vamos ter uma casa grande...

Ele riu-se e aditou, ignorando que abordava a realidade:

— Ah! minha mulher!... Casa grande? só se for no *outro mundo*...

Os visitantes desencarnados sorriram...

Evelina, emocionada, compreendeu que Joaquim não se deteria muito tempo na Terra e, em prece ao Senhor, a rogar-lhe forças multiplicadas, prometeu a si mesma não repousar enquanto não ligasse Mariana a Brígida, sua querida genitora, para que os derradeiros dias daquele pouso de sofrimento fossem lenificados pelo sol da beneficência.

Transcorridos dois dias sobre o singular contato, a enteada de Amâncio, amparada em Fantini e com permissão das autoridades superiores, sediou-se na mansão do padrasto e pôs-se a influenciar o coração materno, com vistas à realização esperada. Deu-lhe sonhos com o pequenino que lhe chegaria aos braços, povoou-lhe as reflexões com ideais de caridade e esperança, sugeriu-lhe leituras renovadoras, inspirou-lhe conversações com o marido quanto ao futuro que Deus iluminaria com a presença de um filhinho adotivo e, pela primeira vez, na casa senhoril, apareceu o hábito regular da prece, porquanto Brígida, ante a doce atuação da filha, conseguiu que o esposo lhe compartilhasse as orações, todas as noites, no preparo do sono, ao que Amâncio aquiesceu com bonomia e estranheza. Espantado, anotava ele o fervor da mulher, a inflamar-se de amor ao próximo, e, porque fosse, de si mesmo, devotado à prática da solidariedade humana, encorajava-lhe os rasgos de altruísmo.

Planeavam, planeavam...

Se Deus lhes enviasse um filhinho adotivo, tratá-lo-iam com todas as reservas de amor que conservavam no coração, procurariam analisar-lhe as inclinações para lhe propiciarem trabalho digno e, quando crescesse, realizariam um sonho de muito tempo: transfeririam residência para São Paulo, de vez que assim lograriam educá-lo com esmero... Solicitariam, para isso, a cooperação de Caio, o genro de outro tempo que se casara em segundas núpcias e que continuava amigo, conquanto lhes escrevesse apenas em ocasiões especiais... Se obtivessem um filhinho... e os projetos repontavam, sempre mais vivos e mais belos, daqueles dois corações amadurecidos na experiência.

Quatro meses haviam transcorrido sobre a nova situação, quando, numa ensolarada manhã, em que os velhos cônjuges haviam palestrado com ênfase acerca de assistência às mães desvalidas, eis que Mariana, cuja residência se erguia a quatro quilômetros, trazida espiritualmente por Evelina, bateu à porta...

Por solicitação de prestimosa servidora, Brígida veio atender.

Enlaçada, de imediato, pela filha, a fazendeira ouviu a recém-chegada, com simpatia.

Mariana implorava trabalho. E relacionou em voz triste alguns pedaços da própria história. Engravidara-se de novo, embora já tivesse quatro filhinhos... Achava-se, porém, sem recursos, com o marido muito doente...

Sem explicar-se, quanto ao motivo de tanta e tão súbita compaixão, a senhora Terra deu-lhe algum dinheiro e prometeu visitá-la em pessoa, naquele mesmo dia, logo que o esposo voltasse do serviço para o descanso caseiro.

Evelina exultava de alegria e confiança.

Amâncio não regateou atenções ao pedido da companheira e, ao crepúsculo, ei-los juntos na habitação paupérrima. Condoídos ambos, providenciaram a remoção da família em penúria para estreito mas confortável domicílio, na gleba que cultivavam.

Qual se houvesse encontrado, por fim, todo o socorro a que mais aspirava, antes que o quinto filhinho viesse à luz, Joaquim demandou a Espiritualidade, louvando os benfeitores...

Mariana, desde muito enfraquecida, adoeceu gravemente. Viúva, agora, apelou para a cooperação de familiares humildes e entregou-lhes os quatro órfãos na previsão da morte próxima...

Brígida, atônita, ante a crise que se agravava, a identificar-se cada vez mais ligada à pobre irmã em penúria, transferiu-a para a própria casa, onde Desidério, reencarnado, abriu, por fim, os olhos, de novo para a existência terrestre.

Na íntima convicção de que se houvera desencarregado de seu último e sagrado dever, Mariana colocou nos braços dos protetores a criancinha ansiosamente esperada e desencarnou cinco dias depois!...

Benfeitores desencarnados acolheram a piedosa mãe, ao mesmo tempo que osculavam o pequenino... Misturavam-se ali, na mansão cercada de flores, o adeus e a chegada, a tristeza da morte e a alegria da vida!... A fazendeira chorava e ria, Amâncio meditava, tocado de emoções e idéias renovadoras... Ernesto e Evelina, em preces de jubilosa gratidão, perante a misericórdia da Providência, notavam, surpresos, que tanto para Mariana, no esquife, quanto para Desidério, no berço, enviava Deus a bênção de novo dia!...

E a vida continua..., "E a vida continua...", Ed. FEB.
De Francisco Cândido Xavier, pelo Espírito André Luiz.

•

4 - Preservação do emprego ou carreira profissional em ascensão

"Vou ser demitida!"

"Estou desempregada. Se não abortar estarei condenada a uma situação permanente de desemprego."

"Filhos não fazem parte de meus projetos profissionais."

"Preciso abortar, senão... adeus aumentos, plano de carreira, futuras promoções."

"Iniciei um mestrado à noite, pago pela firma. É importante para o cargo que irei assumir. Não posso ter esse filho agora. Qual é a forma de aborto menos punida pelas Leis Divinas?"

Essas e outras frases, perguntas e afirmações análogas fazem parte do cotidiano da atividade "Atendimento fraterno", realizada em quase todos os Centros Espíritas.

A mulher, já discriminada em um mercado de trabalho que não é dos mais férteis nem generosos, freqüentemente teme a gravidez não programada e a seqüente licença-maternidade, como difíceis obstáculos à preservação do emprego e ao crescimento profissional.

É importante considerar a delicadeza com que o assunto deve ser tratado nesses atendimentos.

É imprescindível conscientizar a gestante de que:

a) Pode parecer, inicialmente, que é do interesse da mulher surpreendida por uma gravidez não programada, a realização de um aborto, a pretexto de preservar uma situação material, ou de não agravar dificuldades e limitações. Entretanto, nada acontece por acaso e, na vida, tudo muda sempre.

b) Uma gestação inclui toda uma preparação, criteriosamente programada, para a realização de uma encarnação em condições apropriadas tanto para o bebê quanto para a mãe, como conseqüência de um ou mais episódios ocorridos no passado.

c) O Espírito que ela impediria de reencarnar pode ser alguém que lhe tenha sido muito caro em passada existência, alguém a quem deve um reencontro e/ou reajuste; ou ser um perseguidor, que ela pode transformar num aliado e num apoio, aceitando a maternidade com coragem e devotamento.

d) Há vários seres envolvidos, diretamente, numa oportunidade reencarnatória: a grávida, o reencarnante, o pai, além de outros possíveis coadjuvantes, como irmãos, avós, etc. O pai pode querer o nascimento do filho. O reencarnante lutou para conseguir encarnar, utilizar o corpo em formação. Ser abortado é para ele, como Espírito, uma enorme frustração, uma perda de precioso tempo, um sofrimento moral pela rejeição.

e) A gravidez, embora estruturada sob a supervisão amorosa de Espíritos sábios e benevolentes, não é um determinismo, pois não foi ato involuntário nem resultante de geração espontânea. A mãe é responsável pela ocorrência (exceção feita às situações de estupro) e será igualmente responsável pela frustração de uma encarnação, com todos os ajustes dispostos para que se corrijam pendências de etapas anteriores.

f) Buscando conquistar ou preservar uma situação que lhe parece favorável (poucas coisas na vida são seguras, tranqüilas e definitivas), a gestante pode vir a desencarnar em conseqüência da "solução" abortiva, e chegar de volta ao plano espiritual em condições infelizes.

Útil a estatística fornecida pelo Instituto Alan Guttmacher (EUA), realizador da mais completa pesquisa sobre aborto feita na América Latina, em 1994.

— Aborto: terceira "causa mortis" de mulheres brasileiras.

— Nosso país apresentou, no ano de 1993, o doloroso saldo de 9.000 mortes oficialmente registradas como decorrentes de abortos realizados. O número não inclui ocorrências fora da área hospitalar.

É importante lembrar que há, ainda, um bom espaço de tempo (muitas semanas, alguns meses antes do nascimento) para encontrar uma forma satisfatória de receber um novo membro na família. Não se envergonhar de pedir ajuda e ser grata a quem se dispuser a colaborar são atitudes louváveis e amadurecidas.

Considerar, também, que os Espíritos protetores jamais deixaram de assistir e amparar seus tutelados nas lutas evolutivas, dentro do permitido pelo merecimento individual de cada um. A futura mãe, acomodando a situação material da melhor forma que puder, aceitando as mudanças que a curto prazo possam advir, ou mesmo renunciando a vantagens transitórias, estará exercendo o livre-arbítrio em favor de sua paz de consciência e de um futuro espiritualmente mais equilibrado.

•

5 - Evidenciar, ou revelar, adultério

A gravidez não programada decorrente de adultério sempre foi a mais temida e rejeitada pela mulher, levando-a à angústia, pânico e intenso desequilíbrio emocional.

Atualmente, com a facilidade com que se realizam testes de paternidade (DNA), quando ocorre a mulher engravidar dentro de um quadro de traição, a gestação torna-se uma ameaça permanente, não só à estabilidade da união, como também ao relacionamento entre as pessoas envolvidas no acontecimento. Logo, é triste mas comum encontrarmos mulheres optando por "anular" um erro cometendo outro erro muito maior.

•

RELATO DE UM CASO DE CLÍNICA MÉDICA FEITO POR GINECOLOGISTA:

L. D., dentista, 41 anos. Através de trabalho devotado junto a uma Instituição Espírita que atende crianças carentes, L. D. procura reencontrar o equilíbrio e a paz consciencial perdidos há 15 anos, após a cerimônia de encerramento de um Congresso de Odontologia em grande capital.

Setembro de 1985.

Término de Congresso, momento de despedidas, retorno aos lares. O interesse de L. D. em comparecer ao evento fora estimulado pelo marido, preso a uma cadeira de rodas desde que tivera as pernas amputadas rente ao tronco, por ocasião de violento acidente. Congresso excelente, dias de aprendizado, crescimento profissional, novos contatos, quebra de rotina.

Fizera novos amigos, considerava, principalmente determinado colega, proveniente de cidade interiorana muito distante de sua residência. À despedida final, a proposta: indecorosa, envolvente, capciosa. Cedeu, desencadeando uma interminável seqüência de acontecimentos dolorosos.

Primeiro, o constrangimento de retornar e relatar ao marido atencioso as novidades dos Congressos omitindo o descaminho pela infidelidade. Também a culpa, o remorso e a inquietação ocuparam lugares definitivos em seus pensamentos e sentimentos.

A aflição maior, porém, manifestou-se seis semanas adiante, quando constatou, através de exames, a gravidez resultante do adultério.

Permaneceu durante dez dias em áspero duelo entre a razão e a emoção. Racionalmente já optara pela "solução" do aborto. Parecia-lhe rápida, sigilosa, segura e definitiva, embora criminosa. Emocionalmente desejava o filho, queria ser mãe. O acidente tornara o marido inapto à paternidade, fato reconhecido pela família, amigos e conhecidos. Como enfrentar a gestação sentindo-se alvo de críticas e julgamento social?

Acovardada pela possibilidade de ter a imagem de esposa digna e devotada substituída pela de adúltera, submeteu-se ao aborto.

Contraiu tétano. A conjugação de consciência culpada com a vergonha, quando se tornou conhecida dos familiares a causa da doença, levou-a ao desespero.

Surpreendentemente, viu-se envolvida pelo apoio do marido. Compreensivo, não só exigiu da família o respeito devido a L. D. pelo comportamento íntegro até então demonstrado, como disse a ela que um bom diálogo antes de optar pelo crime teria evitado tanta infelicidade desnecessária.

Ele também desejava ser pai, gostaria que a criança tivesse nascido. Teriam encontrado juntos uma explicação que aplacasse a maledicência dos parentes equivocados.

IV - Aborto espontâneo

União da alma e do corpo

355. *Há, de fato, como o indica a Ciência, crianças que já no seio materno não são vitais? Com que fim ocorre isso?*

"Freqüentemente isso se dá e Deus o permite como prova, quer para os pais do nascituro, quer para o Espírito designado a tomar lugar entre os vivos."

356. *Entre os natimortos alguns haverá que não tenham sido destinados à encarnação de Espíritos?*

"Alguns há, efetivamente, a cujos corpos nunca nenhum Espírito esteve destinado. Nada tinha que se efetuar para eles. Tais crianças então só vêm por seus pais."

a) — *Pode chegar a termo de nascimento um ser dessa natureza?*

"Algumas vezes; mas não vive."

b) — *Segue-se daí que toda criança que vive após o nascimento tem forçosamente encarnado em si um Espírito?*

"Que seria ela, se assim não acontecesse? Não seria um ser humano."

O Livro dos Espíritos, "Da volta do Espírito à vida corporal", Ed. FEB.
De Allan Kardec.

•

Gestação frustrada

— Como compreenderemos os casos de gestação frustrada quando não há Espírito reencarnante para arquitetar as formas do feto?

— Em todos os casos em que há formação fetal, sem que haja a presença de entidade reencarnante, o fenômeno obedece aos moldes mentais maternos.

Dentre as ocorrências dessa espécie há, por exemplo, aquelas nas quais a mulher, em provação de reajuste do centro genésico, nutre habitualmente o vivo desejo de ser mãe, impregnando as células reprodutivas com elevada percentagem de atração magnética, pela qual consegue formar com o auxílio da célula espermática um embrião frustrado que se desenvolve, embora inutilmente, na medida de intensidade do pensamento maternal, que opera, através de impactos sucessivos, condicionando as células do aparelho reprodutor, que lhe respondem aos apelos segundo os princípios de automatismo e reflexão. Em contrário, há, por exemplo, os casos em que a mulher, por recusa deliberada à gravidez de que já se acha possuída, expulsa a entidade reencarnante nas primeiras semanas de gestação, desarticulando os processos celulares da constituição fetal e adquirindo, por semelhante atitude, constrangedora dívida ante o destino.

Evolução em dois mundos, Segunda parte, Ed. FEB.
De Francisco Cândido Xavier e Waldo Vieira, pelo Espírito André Luiz.

•

Aborto espontâneo

Ao aproximar-nos deste final de século, quando o terceiro milênio já se nos desponta com as alvíssaras de um novo amanhecer, defrontamo-nos com todas as espécies de desregramentos e altruísmos, atestando a grande transformação por que passa a Humanidade. Dentre tantas contradições e desvios, chama-nos a atenção, em particular, o aborto.

Não nos vamos reportar ao aborto criminoso, porque este já vem sendo sobejamente citado e advertido pelas consciências religiosas e médicas, estas últimas fiéis ao juramento hipocrático. Aos praticantes de tão triste desiderato resta-nos rogar ao Divino Amigo que os guarde em seu "despertar", quando o véu da ilusão não mais obstar a visão da realidade, entregando-os ao tribunal da própria consciência. Queremos tecer algumas considerações a respeito do aborto espontâneo, que ao nosso ver, em bom número de casos, não é tão espontâneo como possa parecer, à primeira vista.

Reportando-nos a um dos princípios básicos da Psicanálise, quando o sábio austríaco (Freud) nos afirma que "a consciência é um atributo excepcional e não constante da psique", e à vasta bibliografia espírita, defrontamo-nos com situações em que a mente dos pais (principalmente da mãe), dos irmãos e de outros pode conspirar ocultamente contra o êxito da reencarnação.

Observamos vários entraves e dificuldades, quando a mãe é aquela pessoa preocupada excessivamente com seu próprio corpo (e pessoas há que fazem verdadeiro culto ao corpo), não estando disposta a vê-lo transformado pelos sagrados ministérios da maternidade; ou que não deseja renunciar a seus projetos de vida, tais como trabalho, estudo, viagens, etc. Existem aquelas que trazem arquivadas em seus perispíritos as dificuldades pretéritas com o futuro reencarnante, bastando a simples aproximação deste para recordarem e vivenciarem as angústias do passado. Algumas sentem-se incompetentes e despreparadas para a tarefa de educar, apavorando-se ante a perspectiva de virem a ter sob sua responsabilidade um educando, porque a educação demanda disciplina, labor, vigilância constante, íntimo sofrimento, às vezes.

Existem mães que, tendo uma gravidez difícil ou um parto complicado, sentem medo de engravidar novamente e passar pelas mesmas dificuldades anteriores. Observamos outras que não admitem dividir o amor e os cuidados do cônjuge com o reencarnante, pois às vezes têm necessidades neuróticas daquele. Outras há que alegam receio de gerar filhos anormais, por não desejar apresentá-los à sociedade como fruto das suas entranhas. Ainda há aquelas que, por hostilidades no lar ou dificuldades no relacionamento com o marido, negam-se a gerar o fruto de uma relação não amorosa, que irá representar, muitas vezes, um peso em seu viver.

Defrontamo-nos com mulheres que se sentem incapazes de ser mãe, em deixar fluir o sentimento materno represado no âmago de seus corações; com outras mais que, parodiando um filósofo da Antigüidade que dizia "melhor era não ter para não sofrer com a perda", antevêem a possibilidade de doenças graves ou falecimento do filho, com conseqüente sofrimento pela separação; com outras tantas que, sofrendo quedas constantes e inexplicáveis durante o tempo de gestação, demonstram, de maneira inconsciente, uma rejeição à gravidez; e também com mães sem maridos, que sofrem as contingências de arcar com a obrigação de gestar sem o apoio moral do companheiro, levando no bojo materno o fruto de um relacionamento transformado em frustração.

Deparamo-nos, ainda, com pais indiferentes à preocupação financeira do lar, ou com pouca disponibilidade afetiva para o relacionamento com o novo membro que se aproxima; com irmãos (quando existem) que às vezes não estão dispostos a dividir a atenção dos pais com o novo companheiro, rejeitando-o clara ou veladamente; sem levarmos em conta que pai e irmãos possam ter sido desafetos do reencarnante em outras vidas, agravando mais a situação.

No reencarnante podemos admitir receios pela rejeição familiar, medo de voltar à carne e tornar a fracassar, pouca aceitação pelo corpo que virá a ter e pelo carma que irá testemunhar.

Acrescida a todas essas situações, temos a participação constante dos desencarnados que, quando são desafetos do reencarnante ou da gestante, cerram sobre este o guante da perseguição ostensiva, acentuando tendências mórbidas da mãe, ou atacando diretamente o santuário materno, com a emissão de fluidos deletérios quando encontram mães pouco vigilantes.

Como resultado de todas essas situações, vividas com maior ou menor carga emocional, somadas ou não a fatores externos (desnutrição, desgostos, etc), podemos ter o aborto espontâneo.

É lógico que não negamos a existência do aborto espontâneo naquelas pessoas que realmente desejam o filho, e este se sente motivado a reencarnar, mas por injunções pretéritas não lhes é dada a felicidade de tal desiderato, culminando numa gravidez interrompida com suas dolorosas conseqüências físicas e morais, que são, acima de tudo, retificadoras. Também não negamos que a gravidez mobiliza dificuldades psíquicas da gestante e seus participantes, sem que isso venha a ser impedimento absoluto ao sucesso da vinda do novo ser. Apenas lembramos à *família grávida* que, nos subterrâneos da consciência, muitas coisas podem estar a acontecer, surpreendendo de maneira desagradável, às vezes, os menos prevenidos.

Costumam procurar-nos para tratamento psiquiátrico gestantes deprimidas sem causas aparentes, ou em franco quadro psicótico, que, após exposição de suas dificuldades para a gestação, nos levam a presumir a existência de alguns dos empecilhos já explicitados. Nesses casos, é de importância a ajuda do profissional, porém, se tais pacientes não procurarem consubstanciar suas vivências diárias nas lições do Divino Amigo, torna-se difícil a reencarnação de novo ser. E quando ela consegue vingar sem as terapêuticas do Evangelho, podemos inferir, sem dúvida, o amparo, com acréscimo de misericórdia, do Criador, para esses corações em dificuldade.

Assim sendo, é mister, segundo o nosso pensar, que as *famílias gestantes* se conscientizem da necessidade de um maior envolvimento afetivo com o novo membro, para que este, sentindo-se mais amado e fortalecido, possa chegar em paz ao novo lar.

"Aborto Espontâneo", Jaíder Rodrigues de Paulo (Psiquiatra).
Reformador, mar. 1985.

•

Abortos aparentemente espontâneos, provocados pelo Espírito[5]

Além dos abortos espontâneos, motivados em débitos cármicos do casal, que se associam às dívidas e desarmonias do Espírito reencarnante, outros fatores podem ser causa de aborto não provocado por interferência material.

Uma das causas que devem ser mencionadas é a relacionada à própria entidade reencarnante. Como nós, seres viventes do planeta Terra, temos muitas vezes o temor à morte, os Espíritos, em muitas circunstâncias, temem abandonar uma situação que se lhes afigura estável, para mergulhar novamente na matéria, aprisionando ou anestesiando suas conquistas do passado. Em outras palavras, medo de nascer.

Espíritos que necessitam renascer com severas limitações físicas, frutos de alterações expressivas em sua constituição perispiritual, atemorizam-se ante uma perspectiva que custam a aceitar. Apesar de todo o trabalho dos mentores espirituais esclarecendo que a exteriorização deformante do corpo físico facilita a eliminação das anomalias em nível perispiritual, desde que acompanhada de uma postura mental saudável, os receios e as reações muitas vezes ocorrem.

Outros, embora nada tenham a temer com relação a deformidades físicas, travam intensa luta íntima, um conflito entre a razão que os faz renascer naquele lar e o sentimento de antipatia com relação a alguns dos seus membros.

Como sabemos, a ligação familiar freqüentemente é o palco dos reajustes do passado. Vínculos pretéritos de desa-

---

[5]O mesmo tema é abordado em seu livro *Gestação — sublime intercâmbio*, Editora Universalista, 1993.

fetos que necessitam se perdoar, encontram na "anestesia" do pretérito a condição predisponente para a "cirurgia" psíquica que eliminará o "abscesso" do ódio.

Embora ocorram reencarnações compulsórias, necessárias para aqueles cujo primitivismo psíquico não permite a participação na escolha de suas provas ou expiações, na nova romagem física, normalmente o livre-arbítrio é preservado. Todos nós, seres humanos, temos a possibilidade de escolher, acertar ou errar, avançar ou recuar. A liberdade que já conquistamos nas milhares de encarnações faculta-nos o ensejo de decidir. Decidir, porém arcando com o peso das conseqüências.

Há Espíritos que se posicionam mentalmente de forma reiterada na recusa psíquica a reencarnar. Acentuam esta posição à medida que se sentem retidos na malha fluídico-energética materna. Nos casos onde a dificuldade anterior de relacionamento era justamente com a mãe, a interpenetração energética entre ambos pode exacerbar a predisposição contrária ao renascimento. Acordam velhas emoções que dormiam embaladas pela canção do esquecimento.

Laços fluídicos que prendiam as emanações energéticas do perispírito da entidade reencarnante ao perispírito materno ou, já unidas, ao chacra genésico da futura mãe podem romper-se. Nos casos em que a gestação já se fazia em curso, e o fluido vital do embrião em desenvolvimento se fundia com o corpo espiritual em processo de miniaturização, a súbita e intensa revolta do Espírito pode determinar a ruptura definitiva das ligações, deixando o futuro feto sem o Espírito. Inviabiliza-se a gestação por falta do modelo organizador biológico.

Ocorre o processo do aborto tido como espontâneo, porém, na realidade, provocado pela recusa sistemática, enérgica e imatura do Espírito. Perde ele, assim, uma grande oportunidade para superar-se a si mesmo e avançar celeremente rumo à felicidade.

Ricardo di Bernardi.
Reformador, dez. 1992.

•

Este artigo, em resumo, aborda situações em que o reencarnante:

— teme abandonar uma situação que se lhe afigura estável e enfrentar as incertezas de renascer,

— teme a perspectiva de renascer com limitações físicas e deformações congênitas,

— resiste a renascer naquele grupo familiar por antagonismo com algum dos seus componentes, possivelmente a própria mãe.

Se muitas mulheres vêem no aborto provocado, equivocadamente, uma solução para problemas, há, no extremo oposto, aquelas que anseiam por um filho e abortam espontaneamente, melhor dizendo, contra sua vontade e a despeito de todos os cuidados preventivos e da melhor assistência médica.

Por que isso aconteceu?

Grande número de casais, embora desejando um ou mais filhos, por maior que seja o empenho em gerar frutos de sua própria união, não consegue que se processe a reprodução.

É comum presenciarmos situações em que exames de laboratório registram a gravidez, médicos são consultados e toda sorte de cuidados e proteção ao reencarnante são estruturados com desvelo e devoção. Contudo, após algumas semanas de alegria e ansiedade, ocorre um aborto espontâneo, inexplicável aos olhos dos pais desolados, médicos eficientes e outros membros da família perplexos e entristecidos, visto não haver causa aparente para o lamentável acontecimento.

Observamos, com alguma freqüência, o fato de, após ocorrência isolada ou múltipla de aborto espontâneo, a mulher conseguir levar à conclusão uma gravidez de sucesso, repleta de felicidade. Também verifica-se esse quadro envolvendo pais que, desistindo de um filho gerado pelos meios convencionais, inscrevem-se em instituições destinadas ao encaminhamento de adoções, enfrentando longos períodos de espera. Após receber o filho adotivo, conseguem gerar um ou mais filhos sem dificuldade.

Como sabemos não existir situações padronizadas na lei de causa e efeito, sempre justa e misericordiosamente harmonizada com as necessidades reencarnatórias de cada Espírito em prova ou expiação, todos, sem distinção, herdeiros do próprio passado, é possível concluir em relação às causas do aborto espontâneo que algumas podem ser encontradas na presente encarnação. Um exemplo:

Fracasso

Verificando o meu aproveitamento no caso de Segismundo, Alexandre, sempre gentil, ao despedir-se dos Construtores, dirigiu-se ao diretor deles, asseverando:

....

— Nosso amigo, porém, necessita consolidar os ensinamentos recebidos. André acompanhou um caso normal de reencarnação, no qual um esposo honesto cedeu, inicialmente, aos nossos rogos para que Segismundo renascesse com a serenidade imprescindível. Viu, de perto, um coração maternal sensível e devotado, e permaneceu, em estudo, numa câmara conjugal defendida pelo poder sagrado da prece e reconfortada pela proteção do plano superior. Entretanto, seria justo observasse algum processo diferente, dos que existem por aí às centenas, em que somos defrontados por obstáculos de toda espécie. Ficaria, desse modo, habilitado a conhecer a extensão e complexidade de nosso esforço em defender companheiros imprevidentes, que menosprezam a responsabilidade moral, fugindo aos compromissos.

E, fixando um gesto de carinho fraterno, interrogou:

— Não terá você, presentemente, um caso dessa ordem, onde André possa recolher as lições precisas?

— Temos, sim — esclareceu Apuleio, atenciosamente —, temos o caso Volpíni.

....

— Quer dizer, então — redargüiu o meu instrutor com sabedoria —, que a futura mãe não correspondeu à expectativa do nosso plano de ação...

— Isto mesmo — prosseguiu o interlocutor. — Enquanto os desequilíbrios se localizam na esfera paternal ou procedem da influência de entidades malignas, simplesmente, há recursos a interpor; no entanto, se a desarmonia parte do campo materno, é muito difícil estabelecer proteção eficiente. A pobre criatura, por duas vezes sucessivas, provocou o aborto inconsciente pelo excesso de leviandades e, atualmente, será vítima das próprias irreflexões pela terceira vez, segundo parece. Debalde temos oferecido o socorro de que podemos dispor. A infeliz deixou-se empolgar pela idéia de gozar a vida e irmanou-se a entidades desencarnadas da pior espécie que, para acentuar seus planos sombrios, separaram-na do próprio companheiro, ansiosas por lhe precipitarem o coração na esfera das emoções baixas.

Enquanto Alexandre o ouvia, em silêncio, Apuleio continuou, depois de longo intervalo:

— Volpíni atingiu agora o sétimo mês de gestação da nova forma física, mas a noite próxima será decisiva para ele. Já recebi um apelo dos colaboradores que ficaram nas imediações do caso, em serviço ativo, no sentido de evitar certas extravagâncias da futura mãe, projetadas para hoje; entretanto, não creio sejamos por ela obedecidos. A organização fetal não se encontra em condições de suportar novos desequilíbrios, e, se a pobrezinha não despertar para o dever, abrirá, ainda hoje, uma terceira falência. Se André puder vir conosco, dar-nos-á muito prazer.

....

O grande relógio de parede mostrava vinte horas menos cinco minutos.

Seguindo o diretor, penetramos um aposento bem mobiliado, onde se encontravam três entidades desencarnadas, de horrenda figura, que, em virtude do baixo padrão vibratório, não perceberam a nossa presença. Conversavam entre si, combinando medidas detestáveis que não cabe relacionar aqui. A certa altura da palestra, porém, referiam-se ao caso da reencarnação, de maneira franca:

— Não sei — comentou um daqueles perversos inimigos do bem — por que arte infernal vem resistindo o intruso. Despejá-lo-emos na primeira oportunidade.

— Quando isto ocorre — disse outro — é que há “mãos de anjos” trabalhando por trás.

— Pois que vão para o inferno! — exclamou o que parecia mais cruel. — Veremos quem pode mais. Cesarina já nos pertence noventa por cento. Atende perfeitamente aos nossos propósitos. Por que um filho intrujão em nossos planos? É preciso combater até ao fim.

— No entanto — considerou o terceiro, que, até então, se mantinha em silêncio —, há mais de seis meses estamos trabalhando em vão por alijá-lo!

— Mas temos conseguido muito — tomou o mais revoltado —; não creio que ele se possa agüentar por muito tempo. Talvez hoje façamos o resto. Um filho viria roubar-nos, talvez, a boa companheira com que contamos agora. Todas as atenções dela convergiriam para ele e o nosso prejuízo seria enorme. Mas, se existem "mãos de anjo" trabalhando, temos "mãos de demônios" para agir também. Já vencemos duas vezes; por que não vencer agora, igualmente?

— E se o filho vier — considerou um dos interlocutores —, certamente virá o esposo de regresso. Não poderemos conservá-lo a distância, por mais tempo, caso isso se verifique.

— Isto, nunca! — respondeu o adversário mais feroz, com inflexão sinistra.

(...) O aposento mantinha-se absolutamente desguarnecido de defesas magnéticas e não se via o movimento de visitação espiritual da esfera superior que caracterizava a formação do novo corpo de Segismundo.

— Está observando? — falou Apuleio, gentil — nem sempre a nossa tarefa se desdobra ao longo dos jardins afetivos. Muitas vezes, devemos operar sob verdadeiras tormentas de ódio, que desintegram nossos melhores elementos magnéticos de cooperação. Este caso é típico.

Recordei que a residência de Adelino se enchia diariamente de afeições do plano espiritual, e perguntei:

— Mas a futura mãe não dispõe de relações em nossa esfera?

— De qualquer modo — respondeu ele —, sempre temos bons amigos na zona superior àquela em que nos encontramos;

todavia, em certas circunstâncias, afastamo-nos voluntariamente deles. Cesarina poderia contar com diversas amizades; no entanto, ela mesma se incumbe de obrigá-las à ausência.

Impressionado, considerei:

— Não terá ela, contudo, um pai ou mãe, em nossos círculos espirituais, que tome a si o sacrifício de defendê-la?

— Tem um pai que a estima com extremos de afeto — esclareceu o diretor —, no entanto, sofria imerecidamente pela filha leviana e grosseira, e tanto padeceu por ela que os seus superiores, em nossa colônia espiritual, submeteram-no a tratamento para olvido temporário da filha querida, até que ele possa se recordar e se aproximar dela sem angústias emotivas.

O assunto era novo para mim. Havia, então, recursos para aplicação do esquecimento no mundo das almas?

Apuleio sorriu, bondoso, e falou:

— Não tenha dúvida. Em nossa esfera, a dureza e a ingratidão não podem perseguir o amor puro. Quando as almas reencarnadas se revelam impermeáveis ao reconhecimento e à compreensão, distanciamo-nos delas, naturalmente, ainda mesmo quando encerrem para nós valiosas jóias do coração, até que se integrem no conhecimento das Leis de Deus e se disponham a segui-las, em nossa companhia. Quando somos fracos, porém, embora muito amoráveis, e não nos sentimos com a precisa coragem para o afastamento necessário, se merecemos o auxílio de nossos maiores, somos favorecidos com o tratamento magnético que opera em nós o esquecimento passageiro.

Nesse instante, Cesarina penetrou no quarto, seguida dos Espíritos construtores que velavam por Volpíni, o reencarnante.

Enquanto a senhora se sentava à frente de grande espelho, dando início a complicados arranjos de apresentação festiva, os cooperadores de Apuleio se aproximaram, saudando-nos, atenciosos.

— Infelizmente — disse um deles ao chefe — a situação é muito grave. É impossível prosseguir em nosso esforço de assistência com o êxito desejável. Nossa irmã afunda-se, cada vez mais, nos desequilíbrios destruidores. Unindo-se voluntariamente — e indicou as entidades viciosas que a cercavam — a estes adversários infelizes, entrega-se, agora, a prazeres e abusos de toda sorte. Seus desvios sexuais, nos últimos dias, têm sido lastimáveis, e enorme é a quantidade de alcoólicos, aparentemente inofensivos, de que tem feito consumo sistemático. Aliados semelhantes distúrbios às vibrações desordenadas do plano mental, vemos que a posição de Volpíni é insustentável, não obstante nossos melhores esforços de socorro.

Apuleio ouviu as graves notificações em silêncio e observou em seguida:

— Já sei o que se projeta para esta noite.

— Sim — considerou o interlocutor —, apelamos para a sua autoridade, porque a organização fetal não poderá resistir a uma nova investida.

O diretor convidou-me a examinar a gestante. Ao lado dela, permaneciam as entidades inferiores a que me referi, que demonstravam absoluta ignorância de nossa presença.

Cesarina, com o excessivo cuidado das mulheres demasiadamente vaidosas e inscientes da responsabilidade moral, utilizava certos recursos para disfarçar o aspecto da gravidez adiantada, deixando adivinhar que se preparava com esmero para uma noitada de fortes emoções.

Fixei minha atenção no feto, auxiliado pelo chefe dos Construtores, mas não pude esconder minha surpresa e compaixão.

(...) A forma física embrionária demonstrava manchas violáceas, revelando dilacerações. Pequeninos monstros, somente perceptíveis ao nosso olhar, nadavam no líquido amniótico, invadindo o cordão umbilical e apropriando-se da maior parte do delicado alimento reservado ao corpo em formação. Toda a placenta era assediada por eles, provocando-me terrível impressão.

Percebi, pela intensa anormalidade dos órgãos geradores, que o aborto não poderia demorar-se.

Apuleio, igualmente, endereçando-me expressivo gesto (...) abandonou subitamente o exame e falou-nos:

— Se a infeliz obcecada pelos prazeres criminosos não se detiver, nesta noite, a organização fetal será expelida até amanhã.

Depois de pensar alguns momentos, salientou:

— Tentarei o derradeiro recurso.

Apuleio dirigiu-se ao interior doméstico e voltou, seguido de uma senhora idosa.

— Esta — disse-me ele, indicando-a — é a dona da casa e velha amiga de Cesarina, suscetível de receber-nos a influenciação. Aproveitar-lhe-ei o concurso para que a nossa desventurada irmã, de futuro, não possa dizer que lhe faltou assistência e conselho adequado.

Num gesto de bondade, já observado por mim em diversos superiores do nosso plano, colocou a destra sobre a fronte da recém-chegada, que se acercou de Cesarina com muita ternura, e falou:

— Minha amiga, estou receosa por você... Não vá. Desconfie de certas amizades, pouco dignas. Seu estado, Cesarina, é melindroso. Por que exceder-se? Uma festa de aniversário, em pleno bar, não pode servir às suas necessidades presentes. Abriguei você, em nossa residência, como se o fizesse a uma filha e devo estar vigilante. Nutro a esperança de vê-la reaproximar-se do esposo, que, segundo creio, deve estar ausente por simples questão de incompatibilidade de gênios, mas, se você não se defende do mal, como atender à situação?

Um dos infelizes seres da ignorância e da sombra que perseguiam Cesarina, por invigilância dela, envolveu-a nos braços, como se desejasse comunicar-lhe o seu estranho e perigoso magnetismo. Vi que as entidades inferiores presentes observavam de perto a senhora e lhe ouviam as palavras sensatas, porque todas exibiam gestos e demonstrações de revolta e desagrado, que não podemos registrar aqui.

A interpelada, deixando-se envolver pela influência neutralizante do mal, riu-se de modo franco e acrescentou:

— Tranqüilize-se, minha boa Francisca. Não precisará ensinar-me virtude... Tenho meu compromisso para hoje, não posso faltar!...

— Não concordo, Cesarina — tornou a interlocutora com energia, sob a inspiração direta de Apuleio —, nem estou fazendo pregação de virtude à sua consciência responsável. Quero despertar suas fibras de esposa e mãe. O homem, cujo convite você pretende atender, não merece confiança, não é digno de consideração. Além disso, seu organismo deve ser preservado. Não lhe dói a expectativa de prejudicar o filhinho? Não pondera o futuro?

E a respeitável amiga continuou advertindo com severidade maternal, enquanto a futura mãe de Volpíni se mantinha em franca posição de negativa e impermeabilidade.

Duas horas durou a conversação, na qual o diretor dos Construtores usou da caridade, da lógica e da paciência, nas mais altas doses; todavia, ao fim desse tempo, um automóvel fonfonou à porta.

Cerrando o pequeno estojo de perfumes, Cesarina abraçou a velha amiga desapontada e despediu-se:

— Adeus, voltarei mais tarde. Não tenho tempo a perder.

O veículo rodou a caminho das avenidas asfaltadas.

As entidades perturbadas seguiram no carro célere, mas nós, esperando a manifestação de Apuleio, ali permanecemos, aguardando-lhe a palavra.

Algo triste, o chefe de serviço dirigiu-se aos colaboradores, declarando:

— Podem regressar à nossa colônia, em descanso. Nada mais têm que fazer, por agora. O dever de todos foi bem cumprido.

E olhando para mim, significativamente, acrescentou:

— Irei, eu mesmo, em companhia de André, buscar Volpíni para recolhê-lo em lugar conveniente.

....

Não nos cabe descrever as paisagens tristes, desdobradas ao nosso olhar. Cumpre-nos, tão-somente, esclarecer que não tivemos dificuldade para reencontrar Cesarina em companhia de um cavalheiro menos escrupuloso, entre finas taças de alcoólicos, elegantemente disfarçados.

Apuleio aproximou-se e retirou Volpíni, que a ela se abraçava como criança semiconsciente. Em seguida, vi-o aplicar passes magnéticos em toda a região uterina, empregando infinito cuidado. Retomando Volpíni, que confiara às minhas mãos, para poder operar com eficiência, falou-me, calmo:

— Desliguei o reencarnante do santuário maternal; entretanto, não deveríamos esquecer de ministrar o devido socorro à mãe invigilante. Ela precisa continuar a luta terrestre, quanto possível, para aproveitar alguma coisa da oportunidade...

Retiramo-nos conduzindo o companheiro, prematuramente desligado, a uma organização socorrista, mas, depois de atender a todos os deveres que me competiam, desejei, na qualidade de médico, observar o que se passava com a pobre mulher, fracassada em sua missão sublime.

Nas primeiras horas da manhã, dirigi-me à residência que visitáramos na véspera.

Com grande surpresa, porém, verifiquei que Cesarina não se encontrava em casa. Não se passaram muitos minutos e uma vizinha interpelava a senhora que Apuleio influenciara, perguntando-lhe o que eu desejaria saber.

— Cesarina — explicou a matrona, preocupada — na manhã de hoje foi recolhida a uma casa de saúde, em estado grave.

No decorrer da rápida conversação, recolhi as informações necessárias, relativamente ao endereço, e procurei visitar, incontinenti, a infeliz criatura que deixáramos na festa elegante da véspera.

Fortemente impressionado, vim a saber que Cesarina, em gravíssimas condições, acabava de dar à luz uma criança morta.

Missionários da luz, "Fracasso", Ed. FEB.
De Francisco Cândido Xavier, pelo Espírito André Luiz.

•

Não havendo, na presente encarnação, nada que justifique a ocorrência de aborto espontâneo, a causa procurada só pode ser encontrada em etapa anterior, nas vidas passadas (*O Evangelho segundo o Espiritismo*, cap. V, item 6: "Causas anteriores das aflições").

Como tudo submetido à ação e reação, precioso agente de reforma ante a justiça maior, o aborto espontâneo pode significar desafio provacional ou oportunidade de resgate para a mulher, para ambos os pais, para os familiares emocionalmente envolvidos no acontecimento, para o próprio Espírito reencarnante ou para todos em conjunto.

Ainda com relação à dificuldade de processamento da reprodução envolvendo casais fisicamente aptos — conforme exames de laboratório e radiológicos — o extraordinário avanço da Genética permite a inseminação "in vitro".

Amplos detalhes sobre esse assunto podem ser encontrados em *Genética e Espiritismo*, de Eurípedes Kühl, edição FEB. Mencionaremos somente as etapas principais do processo:

1 - Hiperestimulação dos ovários por meio de medicamentos, para produção de muitos óvulos.

2 - Colheita dos óvulos para fecundação "in vitro".

3 - Inserção dos embriões fecundados no útero para desenvolvimento. A média é de até cinco embriões por tentativa. Alguns médicos, por "garantia", colocam até sete, visto ser grande a chance da não sobrevivência de nenhum.

4 - Os pais são conscientizados (desde antes do início do processo) de que o êxito é inteiramente aleatório. Impossível qualquer previsão.

5 - Exame de ultra-som revela, posteriormente, o resultado obtido.

Se o número de fetos em desenvolvimento ultrapassa a expectativa em relação ao número de filhos (trigêmeos, quadrigêmeos, etc.), o médico, a pedido dos pais, poderá ou não recorrer à redução embrionária.

Redução embrionária

É considerada, por alguns, como "grande avanço na administração da concepção".

Como isso se dá?

1 - O casal determina qual o número de embriões que deverá prosseguir em crescimento durante a gestação.

2 - Através de injeção diretamente no ovo já formado, de substância específica, os embriões "excedentes" são eliminados dentro do útero materno, por desintegração. Servem, até, de alimento aos sobreviventes destinados a nascer.

Ante a inexistência de legislação civil que regulamente a redução embrionária, lembremos que a Humanidade sempre se manifesta dividida frente às novidades e comportamentos de vanguarda.

Argumentos de quem é a favor:

1 - A mulher, no caso, deseja ardentemente engravidar. Recorre à inseminação "in vitro" após múltiplas tentativas frustradas.

2 - A gestação é conseqüência de tratamentos, esforços, gastos significativos, submissão a cirurgia e cumprimento de requisitos indispensáveis à hospedagem intra-uterina.

3 - A mãe QUER os filhos, "só... não quer tantos". O procedimento é muito comum por parte de casais que se surpreendem com número acima do desejado na fertilização "in vitro".

4 - Não é aborto (?) — dizem —, pois a gravidez permanece, chega a termo e a mulher torna-se mãe.

Argumentos de quem é contra:

1 - É aborto! Se houve fecundação já há um Espírito determinado para ocupar o corpo que ora se forma. Logo, se há Espírito reencarnante, é aborto. Se ocorrer um dos raríssimos casos apresentados na

questão 356 de *O Livro dos Espíritos* (corpo a que nenhum Espírito está destinado), não há como saber nessa fase da gestação, prevalecendo, a intenção deliberada de frustrar um ou mais renascimentos.

2 - A gravidez permanece, mas nem todos os reencarnantes verão a luz. Se houve coragem para enfrentar a fertilização "in vitro" em todas as suas etapas e custos, deve haver responsabilidade suficiente para não fugir à conseqüência dos riscos já conhecidos e calculados. O risco é parte do tratamento.

3 - Os maravilhosos avanços científicos não isentam ninguém da responsabilidade sobre o bem e o mal. É simples a fórmula para determinar o melhor proceder: perguntar à própria consciência se gostaria de ser um dos "escolhidos" ou um dos "eliminados".

4 - Sempre que há frustração de uma oportunidade reencarnatória pela morte provocada do embrião, há aborto. Está bem claro nas Leis Divinas.

É evidente que, por constituir um procedimento novo, a redução embrionária ainda não foi analisada em detalhes à luz da Doutrina Espírita. Temos certeza de que a intenção não é de realizar aborto, pois, como dito anteriormente, a gravidez permanece, chega a termo e a mulher realiza o sonho de maternidade à custa de esforços reconhecidos.

Pedimos aos que estejam considerando a redução embrionária como uma possibilidade de limitar o número de nascituros numa gestação múltipla, que meditem sobre o fato antes de exercer o livre-arbítrio. Cada embrião é uma individualidade reencarnante, é um corpo em formação ao qual já se encontra ligado um Espírito com uma programação de vida, plena de oportunidades de progresso e evolução.

V - Aborto terapêutico

O procedimento abortivo é moral somente numa circunstância, segundo *O Livro dos Espíritos*, na questão 359, respondida pelos Espíritos superiores:

Dado o caso que o nascimento da criança pusesse em perigo a vida da mãe dela, haverá crime em sacrificar-se a primeira para salvar a segunda?

"Preferível é se sacrifique o ser que ainda não existe a sacrificar-se o que já existe."

(Os Espíritos referem-se, aqui, ao ser encarnado, após o nascimento.)

Com o avanço da Medicina, torna-se cada vez mais escassa a indicação desse tipo de abortamento. Essa indicação de aborto, todavia, com as angústias que provoca, mostra-se como situação de prova e resgate para pais e filhos, que experimentam a dor educativa em situação limite, propiciando, desse modo, a reparação e o aprendizado necessários.

"Aborto na visão espírita"
Reformador, fev. 2000.

•

Caso relatado pelo Dr. Lauro S. Thiago, médico homeopata, ex-vice-presidente da Federação Espírita Brasileira:

Estava grávida, ainda no segundo mês de gestação, muito satisfeita com a esperança de ter um filho. Mas tinha sido aconselhada a abortar pelo seu médico cardiologista, pois era portadora de antiga lesão cardíaca valvular, no momento bem compensada, mas que poderia provocar-lhe, se sobrecarregado seu organismo, grave insuficiência funcional do coração. Isso aconteceria no decurso da gestação, expondo-a a sério perigo de vida na ocasião do parto.

Por isso ele, o cardiologista, impusera-lhe o aborto como meio de poupar-lhe a vida.

E aquela senhora então me procurava pela primeira vez, na esperança de que eu, como médico homeopata, pudesse oferecer-lhe recursos capazes de protegê-la com segurança, permitindo que ela evitasse, como desejava, a provocação do aborto.

Observei atentamente a consulente em sua fisionomia plácida, mas em que transparecia visível tristeza.

Fiz-lhe um exame clínico geral, especialmente detendo-me em seu aparelho circulatório. Auscultando-lhe o coração, pude constatar realmente a sua lesão cardíaca valvular. Não havia, entretanto, sinais de insuficiência cardíaca, estando a lesão perfeitamente compensada por boa capacidade miocárdica.

Perguntei, então, à paciente: — A senhora tem fé em Deus?

— Sim — respondeu ela.

— Então continue confiante em sua gestação e eleve sempre o seu pensamento a esse Pai de bondade e poder infinitos. Seja a sua oração tranqüila, sem lamúrias ou queixumes, um verdadeiro ato de confiança em Deus e leve sua gestação até o parto. E que Deus lhe dê forças.

Ela agradeceu e despediu-se, mas levando também uma receita de medicamentos homeopáticos de ação geral e profunda no organismo humano.

Só tornei a ver esta cliente oito meses depois, mas ela trazia agora, sorridente e feliz, em seus braços, uma linda criança, um menino, já com um mês de idade.

Senti-me naturalmente jubiloso ao ver essa criança que, entretanto, poderia ter sido impedida de continuar com vida no seio materno, contrariando a sua necessidade de encarnar ainda, como Espírito destinado a progredir nas experiências e provações em corpo carnal.

Não desconhecemos a resposta dada a Allan Kardec à sua pergunta de nº 359 em *O Livro dos Espíritos*.

Com a maior consideração e respeito à resposta dos Espíritos a essa pergunta de Kardec e com todo louvor ao excelso missionário da Codificação Espírita, permito-me lembrar que essa resposta foi dada há mais de um século. É-nos lícito por isso pensar que antes de decidir-nos pela atitude extrema de sacrificar uma criança ainda por nascer para salvar a vida da mãe enferma, devemos buscar e tentar todos os recursos que a Medicina hoje oferece em seu admirável progresso, recursos alopáticos e homeopáticos, clínicos e cirúrgicos e fisioterápicos, tratando cuidadosamente durante todo o decurso da gravidez a mãe enferma. E, acima de tudo, confiar em Deus, na sua bondade e poder infinitos, orando e pedindo inspiração na busca de recursos capazes de evitar a necessidade de praticar esse triste e desolador ato que, sem dúvida alguma, é o aborto.

•

Caso relatado por médica obstetra:

A. G., solteira, professora primária, arrimo de família constituída por mãe inválida e duas tias septuagenárias, recebe o resultado POSITIVO de teste de gravidez. Aos 42 anos, surpreendida pela primeira vez com a possibilidade de ser mãe, sofre grande emoção, visto ser portadora de grave cardiopatia congênita.

O médico procurado, indicado por colega de escola, sugere o aborto terapêutico. Dada a natureza do problema cardiológico, jamais a gestação chegaria à etapa final, constata ante o resultado de exames realizados com urgência. Inconformada, sentindo imensa ternura pelo bebê que trazia em desenvolvimento, A. G. começa verdadeira "peregrinação" por ambulatórios e consultórios, na busca de algum profissional que indicasse procedimento inverso, de alguém que acenasse com a possibilidade de um tratamento novo, de uma esperança.

Com obstinação, A. G. recusou-se a aceitar a opinião de todos a quem procurara, unânimes na orientação de interrupção da gravidez. Esperaria a solução trazida pela própria vida, acreditando que um milagre poderia ocorrer.

Algumas semanas após, a ocorrência prevista. Em estado grave, é conduzida a um hospital municipal onde, entre os procedimentos necessários ao restabelecimento de sua saúde relativa, o aborto terapêutico foi realizado.

Retornando ao lar e às atividades de rotina, profundamente desnorteada e confusa ante os desígnios de Deus que não incluíram o "milagre" tão desejado. A. G. é levada por amigos a um Centro Espírita. Lá, através de palestras, atendimento fraterno e orientação de leitura adequada, assimila a idéia da reencarnação. Através do conhecimento dos princípios básicos da Doutrina Espírita, da lei de causa e efeito, da necessidade de resgate, reajuste e reparações, entende o motivo justo e amoroso de todas as ocorrências que frustram nossas expectativas imediatas, mas contribuem para o reequilíbrio espiritual e a felicidade futura.

Hoje, colaboradora voluntária de instituição voltada ao atendimento de crianças, espírita convicta, disciplinada médium e divulgadora da Doutrina dos Espíritos, essa companheira encontrou respostas lógicas para o "porquê" da vida e a fé inabalável na Justiça de Deus.

VI - Aborto por estupro

Justo é se perguntar se foi a criança que cometeu o crime. Por que imputar-lhe responsabilidade por um delito no qual ela não tomou parte?

Portanto, mesmo quando uma gestação decorre de uma violência, como o estupro, a posição espírita é absolutamente contrária à proposta do aborto, ainda que haja respaldo na legislação humana.

No caso de estupro, quando a mulher não se sinta com estrutura psicológica para criar o filho, cabe à sociedade e aos órgãos governamentais facilitar e estimular a adoção da criança nascida, em vez de promover a sua morte legal. O direito à vida está, naturalmente, acima do ilusório conforto psicológico da mulher.

"Aborto na visão espírita"
Reformador, fev. 2000.

•

Aborto sentimental

As estimativas estatísticas, descritas por especialistas sociais e de saúde, da incidência de aborto delituoso em nosso meio, são certamente alarmantes e suas complicações sobre a saúde da mulher indiscutivelmente preocupantes. Essa rotina abortiva clandestina em nossa sociedade termina por mascarar falha clamorosa na legislação vigente em nosso país a esse respeito.

Durante a Segunda Guerra Mundial, houve excessos de toda ordem, e inclusive sexuais, da parte dos soldados invasores contra as mulheres dos territórios conquistados, o que, em certo percentual, resultou em gravidez. Por isso mesmo, sob o impacto da emoção e da comoção desse período e em nome do "princípio do estado de necessidade" contra essas dolorosas conseqüências — e respaldados em uma certa "ética" (?) —, os legisladores de grande número de nações lutaram por conseguir a legalização ou descriminação do que se passou a denominar de *aborto sentimental*, ou seja, do aborto instituído como opção materna para os casos de gravidezes conseqüentes a estupros. Sobre o assunto, assim se posiciona o Código Penal Brasileiro, em seu artigo 128:

"Não se pune o aborto praticado pelo médico: (...); II. se a gravidez resulta de estupro e o aborto é precedido de consentimento da gestante ou, quando incapaz, do seu representante legal".

Mais que palpável serem as bases para essa postura jurídica eminentemente de caráter emocional e totalmente vazia de um estudo da condição ontológica do ser em desenvolvimento embriológico. (...)

Os Espíritos reveladores em *O Livro dos Espíritos*, questões 358 e 359, respondendo às indagações formuladas por Allan Kardec sobre a temática do aborto, apenas admitem o *aborto terapêutico*, isto é, o que tem por móvel preservar a vida da gestante, quando em real perigo.

Bem o sabemos, mormente em nosso mundo evolutivo, que se um Espírito enfrenta tal situação, isso não se dá sem motivos, que não os seus próprios débitos nessa área; mas, não é menos verdade o alerta de Jesus para não interferirmos nos mecanismos naturais da Lei, quanto à penalidade imposta por ela, a fim de não nos caracterizarmos como "motivo de escândalo" (*Mateus*, 17:6 a 11).

A vida é o bem maior que nos concede o Criador para o auto-aperfeiçoamento espiritual, e somente o risco desse bem pode tornar admissível o sacrifício de uma vida que se inicia em favor de outra já plenamente adaptada à dimensão material e, por isso mesmo, em plena vigência da assunção dos seus compromissos para com a família e com a sociedade.

Francisco de A. C. Cajazeiras.
Reformador, nov. 1997. (Transcrição parcial)

•

Uma história dramática

Senhor Jesus,

Venho a ti hoje com o sentimento tocado por uma dor profunda, vivida por uma jovem mulher.

Há pouco dias, uma garota passou por nossa Casa Espírita, implorando que alguém lhe ouvisse o drama vivido.

Eu era o único servidor disponível no momento, e me prontifiquei a escutá-la, já que me parecia muito ferida na emoção.

Depois de procurar algumas amigas e outras orientações religiosas, resolveu entrar em nosso Centro, como último local onde pudesse extravasar seu sofrimento.

No diálogo fraterno, disse chorando que se decidira por fazer um aborto. Dois meses atrás, seu lar fora assaltado, e um dos ladrões a violentara, engravidando-a.

Assim que soube da gravidez, tomou-se de horror pelo próprio corpo, principalmente pelo bebê que ganhava vida em seu interior.

Confusa, afirmou que nem sabia por que entrara em nosso grupo espírita, até porque já estava decidida. Eliminar o feto era a única forma de não permitir que um monstro gerasse um ser por seu intermédio.

Lembro-me, Senhor, que a jovem citara a reportagem de uma revista feminina, que orientava sobre a prática do aborto por estupro. O *Código Penal Brasileiro* considera legal essa decisão, da mesma forma que o praticado quando está em risco a vida da gestante.

De imediato, recordei-me dos livros espíritas que contam histórias de grandes mulheres que sentiam muita afeição por crianças, mas traziam grandes dívidas morais com elas. Algumas não puderam acariciar um filhinho nos braços, porque precisaram reeducar-se no amor de mãe, consoante os débitos contraídos no passado.

Mestre querido, minha dor cresceu quando notei que essa moça fazia perguntas, mas intimamente já havia obtido as respostas que desejava, vindas de tantas estudiosas que, movidas por boa vontade, querem ver a mulher respeitada na sociedade dos homens, e não aceitam uma violência como essa contra o ser feminino.

Sofri porque sei o valor moral dessas grandes defensoras da igualdade dos direitos para ambos os sexos. O drama maior é ter a certeza, Senhor, de que essas mesmas mulheres ainda não incluíram em suas pautas de estudo o conhecimento da realidade espiritual, envolvidas aí todas as implicações advindas da reencarnação e dos compromissos trazidos de outras vidas.

Sei que para tantas o tema está fora de cogitação, mas Tu mesmo nos orientaste que o Pai não precisa da crença das criaturas para que as Leis Naturais atuem com rigor e precisão, preservadas as suaves concessões da Misericórdia Divina.

Venho a ti, Amigo, para refletirmos juntos sobre como agir nesse momento tão grave. Como informar à vítima que sem a permissão de Deus nada acontece; que se uma tragédia transformou-a hoje em agredida, em que página de seu pretérito vamos encontrá-la como agressora, elaborando a causa geradora do débito!?

É difícil raciocinar em momento de tão intensa mágoa, sobretudo quando tantas almas estão envolvidas. O estuprador, condicionado pela emoção primária da violência; o Espírito reencarnante, que também se encontra em resgate de pesadas dívidas, por estar no centro do drama; a mãe, de quem depende a decisão final; os pais, que via de regra sofrem igualmente as dores de todo o processo; enfim, todos que se encontram afetivamente vinculados aos personagens principais.

Inserido diretamente no contexto, vi-me convidado a deixar-lhe a orientação espírita, que mostra a vida maior com toda sua pujança e grandeza, a nos lembrar que Deus se compadece de todos os que sofrem e dos que fazem sofrer, amando-os indistintamente.

Ó, Senhor, se soubéssemos um pouco mais da presença do Onipotente em nossas vidas, quantas tristezas poderíamos superar com equilíbrio e serenidade. Teríamos convicção, por exemplo, de que assim que cometemos um erro grave, abrindo campo para futuros sofrimentos, recebemos ao mesmo tempo incontáveis oportunidades de reajuste, não através da dor, mas pela grandeza do amor, que é capaz de nos fazer resgatar o débito sem precisar que passemos pelo mesmo mal causado a outrem.

A noção correta das normas do Regente Supremo do Universo nos dá certeza de que lesões terríveis como a do estupro poderiam ter sido evitadas, com o despertamento anterior de quem está em dívida. Entre a ferida aberta da dor imediata e o discernimento consolador da explicação espírita, rogo por que um dia a segunda opção seja a mais aceita.

Mas como dizer isso a quem está com a emoção em pedaços? Peço-te, portanto, Irmão, que nos ensines a ampliar os efeitos do amor em nosso próprio ser. Quem sabe, assim, sintamos menos dificuldades para orientar alguém, já que esse sentimento consegue falar por si, ao consolar em silêncio.

Diante das diretrizes materialistas que ainda regem o mundo, deixe-nos rogar-te por compreensão. Compadece-te dessa mulher que chora, mas sobretudo do Espírito reencarnante que aguarda uma decisão.

Despede-nos em tua profunda paz, e roga a Deus pela Humanidade, para que nossos corações cheios de máculas obscuras se transmutem em páginas vivas da tua mensagem, a fim de podermos consolar com mais compaixão os que estão sofrendo tanto.

Assim seja!

Carlos Augusto Abranches.
Reformador, jun. 1996.

•

Aurélio Buarque de Holanda define ESTUPRO como "Crime que consiste em constranger indivíduo, de qualquer idade ou condição, a conjunção carnal, por meio de violência ou grave ameaça".

Desse modo, quando a vítima sofrer esse tipo de violência, poderá, protegida pelo Código Penal Brasileiro, em seu artigo 128, recorrer à prática do abortamento.

Não é necessária autorização judicial para esse procedimento, bastando o Registro de Ocorrência, que pode ser obtido na própria Delegacia Policial onde tenha sido dada queixa-crime.

Ocorre que a maioria dos crimes de estupro é realizada em casa, por familiares comprometidos com a violência e embrutecidos pelo desamor. Conseqüentemente, não são registrados em Distritos Policiais, por vergonha ou necessidade de acobertar um episódio que comprometa a dignidade dos envolvidos, não havendo, assim, nem vítimas nem criminosos perante a lei.

Dessa forma, o aborto conseqüentemente provocado, não é legal, mas clandestino legitimado.

Muitos julgam encontrar justificação moral para o abortamento por ser uma gestação resultante de uma ação criminosa. Baseiam-se na suposição, sem fundamento, de que levá-la a termo implicaria em dar existência física a um criminoso, posto que filho de um criminoso.

Através dos ensinos da Doutrina Espírita, entretanto, podemos compreender o equívoco — o filho de um criminoso não será necessariamente também um criminoso, da mesma forma que o filho de um homem de bem não será imune ao erro e até ao crime.

Em situações de guerra, o estupro é uma violência constante que a história da Humanidade registra há milênios.

Atualmente temos um exemplo dramático na Iugoslávia, quando soldados muçulmanos mantiveram em cativeiro centenas de jovens entre 15 e 29 anos, diariamente estupradas e aviltadas até a gravidez completar 14 semanas, visando à "purificação étnica", com o nascimento de cidadãos "geneticamente gerados" dentro da religião dos agressores.

A ONU providenciou atendimento a essas jovens confusas e revoltadas, promovendo a adoção dos bebês, frutos desse triste episódio, por famílias norte-americanas.

A adoção é uma solução menos má que o aborto, quando há extrema rejeição por parte da mãe. Deve ser conduzida com responsabilidade, para que o reencarnante tenha boas possibilidades de sobrevivência e vida digna com sua família adotiva, sem cair nas malhas de mercadores de vidas e de órgãos.

No Brasil, instituições encarregadas de promover adoções com seriedade e respeito se acham inscritas no Juizado da Infância e Juventude de cada cidade.

VII - Aborto por motivos econômicos

Esse aspecto é abordado em *O Livro dos Espíritos*, na questão 687:

Indo sempre a população na progressão crescente que vemos, chegará tempo em que seja excessiva na Terra?

"Não, Deus a isso provê e mantém sempre o equilíbrio. Ele coisa alguma inútil faz. O homem, que apenas vê um canto do quadro da Natureza, não pode julgar da harmonia do conjunto."

Em *O Evangelho segundo o Espiritismo*, cap. XXV, a afirmativa de Allan Kardec é esclarecedora: "A Terra produzirá o suficiente para alimentar a todos os seus habitantes, quando os homens souberem administrar, segundo as leis de justiça, de caridade e de amor ao próximo, os bens que ela dá. Quando a fraternidade reinar entre os povos, como entre as províncias de um mesmo império, o momentâneo supérfluo de um suprirá a momentânea insuficiência de outro; e cada um terá o necessário".

Convém destacar, ainda, que o homem não é apenas um consumidor, mas também um produtor, um agente multiplicador dos recursos naturais, dominando, nesse trabalho, uma tecnologia cada vez mais aprimorada.

"Aborto na visão espírita"
Reformador, fev. 2000.

•

Controle da natalidade

— Já que nos detemos, em matéria de sexologia, na lei de causa e efeito, como interpretar a atitude dos casais que evitam os filhos, dos casais dignos e respeitáveis, sob todos os pontos de vista, que sistematizam o uso dos anticoncepcionais?

Silas sorriu de modo estranho e falou:

— Se não descambam para a delinqüência do aborto, na maioria das vezes são trabalhadores desprevenidos que preferem poupar o suor, na fome de reconforto imediatista. Infelizmente para eles, porém, apenas adiam realizações sublimes, às quais deverão fatalmente voltar, porque há tarefas e lutas em família que representam o preço inevitável de nossa regeneração. Desfrutam a existência, procurando inutilmente enganar a si mesmos, no entanto, o tempo espera-os, inexorável, dando-lhes a conhecer que a redenção nos pede esforço máximo. Recusando acolhimento a novos filhinhos, quase sempre programados para eles antes da reencarnação, emaranham-se nas futilidades e preconceitos das experiências de subnível, para acordarem, depois do túmulo, sentindo frio no coração...

Ação e reação, "Anotações oportunas", Ed. FEB.
De Francisco Cândido Xavier, pelo Espírito André Luiz.

•

(...) razões existem que justificam ou tornam aconselhável, senão imperiosa, a limitação dos filhos.

Releva frisar, entretanto, que, mesmo nos casos em que o controle da natalidade se imponha como absolutamente necessário, só são escusáveis os usos que objetivem impedir a concepção, qual a abstinência do intercurso sexual nos períodos fecundos da mulher, ou um outro processo anticoncepcional que venha a ser descoberto pela Ciência, desde que reconhecidamente inofensivo à saúde; nunca a interrupção da gravidez, pois, salvo uma única hipótese, isto constitui crime, e dos mais nefandos, por não dar à vítima qualquer possibilidade de defesa.

Lamentavelmente, desde as mais priscas eras, este tem sido o recurso escolhido pela maioria da Humanidade para frustrar os nascimentos não desejados.

Apurou-se recentemente em diversas regiões brasileiras, e acreditamos tal aconteça no mundo inteiro, que em cada três casos de gravidez, dois são interrompidos pelo aborto provocado, e o que é de estarrecer, não raro, depois do quarto mês. (...)

Essa prática, conquanto se inclua entre as contravenções penais de todas as nações civilizadas, comumente fica impune pela justiça terrena, o que equivale a um tácito consentimento.

O Espiritismo, que tanta luz tem feito em torno deste magno assunto, esclarece-nos que a provocação do aborto só não é considerada culposa — esta a ressalva a que aludimos linhas acima — quando o ser em formação ponha em perigo a vida de sua mãe. Nesta circunstância, é preferível sacrificar o primeiro e não a segunda, optando, entre dois males, pelo menor.

Fora disso, porém, os atentados à vida fetal acarretam, sempre, terríveis conseqüências, tanto neste mundo como no outro.

As leis morais, "O aborto", Ed. FEB.
De Rodolfo Calligaris.

•

Carolina e Agenor

I

— Não posso mais! Estou resolvida![6]

— Não diga isso. Fique mais calma. Somos espíritas e...

— Não, Agenor! Não quero mais filhos. Nem esse e nem a possibilidade de outros. Estou decidida.

— Se houvesse realmente necessidade... Mas você está forte, robusta... Isso é meia-morte. Pense bem. Olhe o "deixai vir a mim os pequeninos!...".

— Não. É muita gente que faz isso, por que não posso fazer? Vou agora ao hospital tratar de meu caso... estou resolvida.

Assim falando, Carolina ralhou com os três filhos pequenos e deixou a casa, nervosa, acompanhada de Agenor.

II

— Quero falar com o doutor. Ele está?

— Minha senhora, ele está operando agora. Não deve demorar muito.

Nisso, um senhor ao lado pergunta:

— Quem está ele operando? É uma senhora loura?

E o porteiro, respeitoso, respondeu em voz baixa:

— Não, meu senhor. É uma senhora que acaba de chegar perdendo muito sangue. É alguma coisa de aborto. Está passando muito mal.

Agenor olhou significativamente para Carolina.

---

[6] O Espírito Hilário Silva conta o conflito e a decisão de um casal. — **Nota da Editora.**

III

— A senhora loura é sua parenta? — pergunta Carolina, ao vizinho da poltrona.

— Sim. É minha tia.

— De que se vai operar?

— Ela, minha senhora, desde que perdeu o último filho, está perturbada. Vão fazer uma operação na cabeça dela, para ver se melhora o gênio.

Agenor voltou a olhar expressivamente para Carolina...

IV

Eis que passam dois homens em avental branco, e Carolina, atenta ao movimento em torno, na expectativa de falar ao facultativo, ouviu, de relance:

— As cifras estatísticas de câncer uterino são avultadas — disse um.

— E aqui, na região, a incidência é grande? — pergunta o outro.

— Muitíssimo. Basta ver que a enfermaria feminina sempre está com três a quatro casos...

Agenor, ainda uma vez, olhou incisivamente para Carolina...

V

Carolina levanta-se, resoluta.

Agenor segue.

Vão transpondo a porta principal da casa de saúde, quando o solícito porteiro inquire:

— Não vai esperar, minha senhora?

— Não, meu amigo. O doutor está demorando. Preciso cuidar das crianças. Obrigada. Até logo.

— Então, Calu, em que ficamos? — pergunta Agenor, ao descer a rampa do hospital.

E Carolina responde:

— Não, Agenor, dos males o menor. Fico assim mesmo...

Almas em desfile, "Carolina e Agenor", Ed. FEB.
De Francisco Cândido Xavier e Waldo Vieira, pelo Espírito Hilário Silva.

VIII - Aborto “eugênico” ou “piedoso”

EUGENIA

— O que é eugenia?

É o conjunto de métodos que visam melhorar o patrimônio genético de famílias, populações ou da Humanidade, pelo entravamento da reprodução de genes considerados desvantajosos (*eugenia negativa*), ou pela promoção da reprodução de genes considerados benéficos (*eugenia positiva*).

Nestes termos, até que parece coisa boa...

Historicamente, contudo, alguns líderes políticos e cientistas a eles obedientes, tentaram medidas prepotentes e discriminatórias sob o nome de eugenia, pelo que essa palavra tornou-se hedionda, desde então.

O nazismo, de triste e inapagável lembrança, sob a alegação de que melhorava a espécie humana, eliminou milhões de pessoas, por ele consideradas pertencentes a raças inferiores.

Como vimos, a Ciência comprova que não existe raça pura, menos ainda que, entre as raças existentes — resultantes da ação a longo prazo de seleção natural e não artificial —, não difere geneticamente, entre todas, o nível médio intelectual.

Assim, hoje a sociedade considera repugnante e aético melhorar o patrimônio genético de certas raças, em prejuízo de outras.

Cumpre assinalar que essa posição, de favorecimento de determinada raça, coloca o homem na vitrine do egoísmo, deslocando a fraternidade para o porão.

Genética e Espiritismo, “A Genética e as raças humanas”, Ed. FEB.
De Eurípedes Kühl.

Aborto "eugênico" ou "piedoso"

A questão 372 de *O Livro dos Espíritos* é elucidativa:

Que objetivo visa à providência criando seres desgraçados, como os cretinos e os idiotas?

"Os que habitam corpos de idiotas são Espíritos sujeitos a uma punição. Sofrem por efeito do constrangimento que experimentam e da impossibilidade em que estão de se manifestarem mediante órgãos não desenvolvidos ou desmantelados."

Fica evidente, desse modo, que, mesmo na possibilidade de o feto ser portador de lesões graves e irreversíveis, físicas ou mentais, o corpo é o instrumento de que o Espírito necessita para sua evolução, pois que somente na experiência reencarnatória terá condições de reorganizar a sua estrutura desequilibrada por ações que praticou em desacordo com a Lei Divina. Dá-se, também, que ele renasça em um lar cujos pais, na grande maioria das vezes, estão comprometidos com o problema e precisam igualmente passar por essa experiência reeducativa.

"Aborto na visão espírita"
Reformador, fev. 2000.

•

O presente é minha realidade

"Pediram-me para falar o que faço, sobre meus sonhos e caminhos. Tudo isso em cinco minutos. Uma tarefa impossível, mesmo que eu não tivesse Síndrome de Down."[7]

As palavras do canadense David Mc Farlene, e de outros cinco adultos, sacudiram a platéia que lotava o salão do Hotel

[7] Caso de Espírito que escapou de aborto "eugênico" ou "piedoso". — **Nota da Editora.**

Swan para a abertura oficial do Congresso referente à V Conferência Internacional de Síndrome de Down, realizada em Orlando, EUA, em agosto de 1993.

Durante os cinco minutos concedidos a cada um deles para que dessem seu recado, eles fizeram muito mais. Deixaram em cada um dos presentes a certeza de que toda pessoa com a síndrome é capaz de atingir suas potencialidades. A nós cabe encorajá-las e assegurar-lhes as oportunidades para atingi-las. Neste ponto, eles foram unânimes.

Este relato, apresentado em um dos mais importantes livros sobre os Down já publicados no Brasil,[8] divulga outras informações sobre a vida desses seres que, quando chegam em nossas vidas, vêm para ocupar um espaço definitivo nos corações, com tamanha força que modificam para sempre nossa forma de encarar as dificuldades da existência.

Na mesma conferência, outro rapaz, o americano Mitchell Lewitz, 22 anos, deixou claro que o sucesso de uma pessoa com a síndrome depende da fé em si mesmo. Ativo politicamente, Mitchell já foi assessor de dois deputados estaduais, defendendo os direitos dos que trazem em si os sintomas. "Luto por direitos iguais, em todos os níveis, para evitar segregação nas escolas, comunidades, e para termos as mesmas oportunidades de emprego."

•••

[8] WERNECK, Claudia. *Muito prazer, eu existo*. Rio de Janeiro, 2ª ed., WVA Editora, 1993. Comentário: Esse livro é de fundamental leitura para quem deseja conhecer a realidade em que vivem as crianças portadoras da Síndrome de Down, bem como para os pais e casais que querem saber mais a fundo sobre o processo da gravidez. A autora, jornalista que estudou a fundo o tema, entrevista diversas autoridades médicas e apresenta números estatísticos e relatos importantes sobre o tratamento e as condições em que se encontram os Down, não só no Brasil mas também em todo o mundo.

A causa da Síndrome de Down foi descoberta pelo cientista francês Jerome Lejeune em 1958. Estudando os cromossomos de algumas pessoas, ele percebeu que em vez de terem 46 por célula, agrupados em 23 pares, tinham 47, ou seja, um a mais. Algum tempo depois, Lejeune identificou este cromossomo extra justamente no par 21, que em vez de dois, passava a ter três cromossomos. Por isso a Síndrome de Down é também chamada de *trissomia do par 21*.

Trata-se de um acidente genético que pode acontecer com qualquer casal, em qualquer idade. O termo síndrome significa um conjunto de sinais e de sintomas que caracterizam um determinado quadro clínico. No caso em tela, um dos sintomas é a deficiência mental. Em razão do excesso de material genético, provocado pela anomalia cromossômica, várias reações químicas, essenciais ao bom desempenho dos sistemas do organismo, não se fazem de forma apropriada.

O termo *Down* foi uma homenagem prestada por Lejeune ao cientista inglês John Langdon Down, que, em 1866, questionou por que algumas crianças, mesmo filhas de pais europeus, eram tão parecidas entre si e tinham traços que lembravam a população da raça mongólica, principalmente pela inclinação das pálpebras, similares às dos asiáticos. Na época, ele afirmou que "o cabelo não é preto, como acontece com o povo mongol, mas de uma cor amarronzada, além de serem ralos e lisos. A face é achatada e larga. Os olhos são oblíquos e o nariz é pequeno. Estas crianças têm uma considerável capacidade de imitar".

O quadro de lutas e esforços para superação dos limites, por parte dos que têm a síndrome, despertam em nós reflexões gravíssimas, acerca do que a sociedade carrega ainda de preconceito para com os Down. Quantas restrições nossos irmãos em luta passam por causa da falta de informação de educadores e comunidades, que preferem afastá-los da convivência com os grupos, como se essa característica morfogenética não pudesse nunca ocorrer dentro de suas próprias casas.

O receio de não gerar um filho saudável e perfeito é comum a todos os casais. A evolução da Ciência permite hoje que se façam exames detalhados sobre a saúde do bebê, mesmo antes do nascimento. O que provoca apreensão nos que compreendem a vida como algo que vai além dos limites de uma única encarnação, é o fato de alguns pais, assim que detectam, através dos exames preventivos, que seu futuro filho tem problemas de ordem genética ou de qualquer outra espécie, decidem provocar o aborto programado, para não terem de sofrer com a presença de uma criança deformada e carente de atenção por longos anos de existência.

Não poderia ser pior essa forma de lidar com os recursos tecnológicos. A Ciência avança para ampliar, sobretudo, a consciência do homem, tornando-o capaz de assimilar a grandeza do que significa viver. Ter nas mãos a possibilidade de decidir sobre o nascimento ou não de uma criança é sempre um ato de extrema responsabilidade, o que, por si só, justifica a necessidade da busca permanente de conhecimentos sobre o que existe além da vida, para que nossas decisões não sejam caracterizadas pelo imediatismo e pela pequenez de um horizonte egoísta, que permite vejamos somente até a ponta de nossos próprios dedos.

•••

A notícia chega ao lar. A expectativa do nascimento de uma criatura linda e saudável é marcada pela informação de que o bebê tem características de *mongolismo*, como vulgarmente (e equivocadamente) a síndrome é chamada.[9] Começa um novo período de adaptação da família, para aceitar o fato de que o bebê que acaba de entrar em sua vida tem detalhes que o tornam diferente... e especial.

Obviamente, o casal vai passar por um período de luto pela *morte* do filho saudável que tanto imaginaram mas que não nasceu. Os estudiosos do fato entendem que superar esse período é fundamental para que toda a família consiga estabelecer vínculos afetivos verdadeiros com o bebê real que tanto depende deles para sobreviver.

É chegado o momento de aceitá-lo com todas as suas limitações. Permitir que a tristeza advinda da chegada de um filho *diferente* venha, cresça, incomode, machuque é uma atitude muito mais saudável do que aparentar autocontrole só para não criar constrangimentos entre a família e os outros filhos. É preciso desafogar a alma de sentimentos que possam afastar, em vez de aproximar.

Na verdade, todos dentro de casa, dos pais aos filhos, têm de se reestruturar emocionalmente. Aos poucos, a consciência de que cada criança tem em sua estrutura um fator genético e outro ambiental começa a modificar o lar, fazendo com que a chama interna do amor que todos trazem inata comece a modificar a relação com o bebê, com o bercinho, o quarto, a casa, e nela passe a morar também o desejo pela estimulação necessária, pela educação e pelos cuidados básicos, fatores esses que dependem da ajuda de todos. Quanto mais úteis todos se sentirem, mais confortados em termos emocionais estarão.

• • •

---

[9]O termo mongolismo é evitado pelos profissionais da saúde por causa da carga de preconceito que a palavra carrega.

O Espiritismo surge em nossas vidas como o sol invade as trevas da madrugada, dissipando a escuridão em nome de um novo dia. O consolo das informações corretas acerca do ontem tem o poder de colocar-nos em sintonia com a dignidade de viver, fazendo de nosso presente uma porta aberta para a construção de um amanhã feliz.

Allan Kardec estuda, em *O Evangelho segundo o Espiritismo*,[10] no item referente às causas anteriores das aflições, que há males que parecem atingir o homem como por fatalidade. Tais são, como exemplo, a perda de seres queridos; os arrimos de família, os acidentes que nenhuma providência poderia impedir; os reveses de fortuna que frustram todas as medidas de prudência; os flagelos naturais e as enfermidades de nascimento, sobretudo as que tiram aos infelizes os meios de ganhar sua vida pelo trabalho, como as deformidades, a idiotia, o cretinismo, etc.

O Codificador questiona, ainda, o que dizer dessas crianças que morrem em tenra idade e não conheceram da vida senão o sofrimento? Problemas que nenhuma filosofia pôde resolver, anomalias que nenhuma religião pôde justificar, e que seriam a negação da bondade, da justiça e da providência de Deus. Kardec apresenta outra questão, de igual profundidade das demais: "que fizeram essas almas, que para alguns acabaram de sair das mãos do Criador, para suportar tantas misérias neste mundo, e merecer, no futuro, uma recompensa ou uma punição qualquer, quando não puderam fazer nem o bem nem o mal?".

Na seqüência do capítulo, o professor lionês esclarece, aos que enxergam a vida pelo enfoque míope de uma só

---

[10]KARDEC, Allan. *O Evangelho segundo o Espiritismo*. Rio de Janeiro, 126ª. ed. FEB, 2006, cap. V, itens 6 em diante.

existência, que essas misérias são efeitos que têm uma causa; desde que se admita um Deus justo, essa causa deve ser justa. "Ora" — diz Kardec — "a causa precedendo sempre o efeito, uma vez que não está na vida atual, deve ser anterior a ela, quer dizer, pertencer a uma existência precedente".

Os sofrimentos, portanto, por causas anteriores, conforme explica Kardec, são, freqüentemente, como os das faltas atuais, a conseqüência natural da falta cometida. Por uma justiça rigorosa, o homem suporta, na realidade de seu presente, o que fez os outros suportarem; se foi duro e desumano, ele poderá ser, a seu turno, tratado duramente e com desumanidade; se foi orgulhoso, poderá nascer em condição humilhante; se foi avarento e egoísta, poderá ser privado do necessário; se foi mau filho, poderá sofrer com os próprios filhos.[11]

•••

O médium Chico Xavier respondeu, certa vez, em um programa de televisão,[12] sobre a condição dos chamados excepcionais. Para ele, a criança excepcional sempre o impressionou, pelo sofrimento de que é portadora, não somente em se tratando dela mesma, mas também dos pais.

Na visão de Emmanuel, segundo a mesma entrevista, a criança excepcional é o suicida reencarnado. Os remanescentes do ato praticado acompanham a criatura que cometeu a autodestruição, e ela acaba voltando à Terra com as características que levou daqui mesmo.

Conforme o texto, Chico afirma que se uma pessoa espatifou o crânio e o projétil atingiu o centro da fala, ela volta com a mudez. Se atingiu apenas o centro da visão, volta cega, mas se feriu regiões mais complexas do cérebro, vem em plena idiotia, e aí os centros fisiológicos não funcionam.

---

[11]Op. cit., cap. V, item 7.

[12]SILVEIRA, Adelino. *Chico, de Francisco*. Jabaquara (SP), 2ª ed., Céu Editora, 1987.

Se ela suicidou-se, mergulhando em águas profundas, vem com a disposição para o enfisema pulmonar. Se ela se enforcou, vem com a paraplegia, que pode ocorrer, por exemplo, depois de uma queda simples, pelo fato da vértebra deslocada no ato do suicídio voltar mais fraca no novo corpo.

A esquizofrenia, de acordo com a resposta de Chico, é o resultado da condição mental do ser que se suicidou após haver cometido homicídio. O complexo de culpa adquire dimensões tamanhas que o quimismo do cérebro se modifica e vem a esquizofrenia como uma doença verificável, através dos líquidos expelidos pelo corpo.

Na mesma entrevista, o médium mineiro faz uma observação importante. Afirma que a criança com características mentais diferenciadas sente, ouve, registra e sabe de que modo está sendo tratada; ela é profundamente lúcida na profundidade do próprio ser. Certa feita, contou, uma senhora o procurou em Uberaba e disse:

— Sou mãe dessa criança excepcional. Sinto-me uma pessoa amarga, sofro muito. O que Emmanuel diz pra mim? E o mentor respondeu:

— Minha filha, a maternidade é um privilégio que Deus concedeu à mulher. Toda mulher desfruta desse privilégio da Providência Divina, mas os filhos excepcionais são confiados tão-somente às grandes mulheres, que demonstram uma capacidade de amar até o infinito.

•••

Ao nos referirmos, neste capítulo, às crianças especiais, com destaque para as com Síndrome de Down, quisemos fazer uma relação entre a experiência atual de vida delas e as possíveis relações dos fatos do presente com as causas elaboradas no passado, em anteriores existências, já que nessa etapa reencarnatória elas nada fizeram que justificasse algum tipo de *punição* por erros cometidos.

Para o bem da verdade, vale destacar que, segundo o Espiritismo, Deus não pune ninguém. É a própria criatura que, diante da consciência — sublime recanto interior onde a noção justa da Lei de Amor reside em si — resolve determinar tudo que lhe é necessário viver para resgatar seus débitos para com o Equilíbrio Universal.

No caso estudado, não só o filho está incurso na *reeducação* de si mesmo, mas igualmente todos que lhe compartilham o ambiente familiar. A união dos esforços faz com que, em breve futuro, todos constatem as melhoras, e passem a preparar os caminhos para, aí sim, não mais expiarem faltas e reparar estragos do passado, mas sim arar a terra e trabalhar a sementeira do amanhã, melhor e mais leve, totalmente desanuviado das manchas obscuras do passado delituoso.

O Espiritismo nos sugere que, toda vez que vejamos alguém conduzindo um filho excepcional pelas ruas, tenhamos o desejo sincero de rogar ao Alto, em prece, por aquela mãe, ou aquele pai. Eles foram corajosos o bastante para aceitar receber, dentro de casa, aquele ser que trouxe no próprio corpo e no psiquismo as marcas do resgate. Roguemos, também, por nós, se estivermos nessa condição, para que as belezas da vida, enviadas incessantemente por Nosso Pai, suavizem nossas dores, a fim de que, sendo fiéis nessa boa luta, possamos merecer, mais à frente, a paz de consciência de que tanto precisamos.

Vozes do Espírito, "O presente é minha realidade", Ed. FEB.
De Carlos Augusto Abranches.

Caso de clínica médica relatado à nossa equipe:

Novembro de 1998. E. D., 33 anos, casada, mãe de duas meninas, cardiologista. Grávida de dois meses, acompanha filha de quatro anos internada com meningite no isolamento de grande hospital infantil no Rio de Janeiro. E. D. apresenta febre alta.

Comunicando-se com o obstetra para desmarcação de consulta, é informada do que já sabia: tem "direito legal" a fazer aborto, utilizando o plano de saúde.

Como médica, conhece os riscos: contato direto com a doença desde antes do quadro clínico permitir diagnóstico (alto risco de contaminação), impedimento de tomar o remédio específico para prevenção e tratamento da enfermidade — poderoso antibiótico — por ser contra-indicado para gestantes (possibilidade de causar deformação ou alterar o desenvolvimento do feto) e exposição a outras doenças infecto-contagiosas devido à permanência no hospital.

Como espírita consciente, conhece a verdade: nada acontece "ao acaso" na Criação Divina, justa e misericordiosa, mas obediente à lei de causa e efeito.

Só há uma escolha: não ao aborto! Ainda que permitido pela legislação civil, divorciada, nesse caso, da legislação divina.

E. D. sabe que o livre-arbítrio é a faculdade que nos permite determinar a própria conduta, a liberdade de administrar, com responsabilidade pessoal e intransferível, o comportamento adequado ao exercício da vontade, para o bem ou em direção ao erro lamentável.

Não ao aborto, decisão final. Mesmo pagando por essa atitude um preço bastante elevado: obstinada desaprovação de alguns parentes bem próximos que, egoisticamente centrados nas facilidades ilusórias, viam na perspectiva de nascimento de uma criança com saúde problematizada *um acontecimento degradante,* incompatível com o "elevado padrão genético dos membros da família".

Unida ao marido na decisão de levar a gravidez a termo, E. D. não se intimida ante os muitos obstáculos: infecção registrada por exame de sangue, emoções fustigadas pelas manifestações ostensivas de descontentamento e afastamento de todo um ramo familiar, contrações e hemorragia a partir do 5º mês de gestação que ocasionaram necessidade de repouso absoluto e conseqüente desorganização nos compromissos profissionais e assistência às filhas, que exercia de modo exemplar.

Criticada e marginalizada pelos parentes não espíritas — que ignoraram até sua necessidade de ajuda com as meninas —, E. D. conduz corajosamente a gravidez difícil até a 35ª semana, quando contrações em ritmo acelerado anunciaram a hora do parto.

E recebe, num momento inesquecível de felicidade e gratidão a Deus, o tão esperado menino, perfeito, saudável, cheio de vida, energia e condições de aproveitar todas as oportunidades que uma reencarnação oferece.

IX - Conseqüências espirituais do aborto associado ao suicídio

DESENCARNAÇÃO

— Muitas existências são frustradas no berço, não por simples punição externa da Lei Divina, mas porque a própria Lei Divina funciona em todos nós, desde que todos existimos no hausto do Criador.[13]

Freqüentemente, através do suicídio, integralmente deliberado, ou do próprio desregramento, operamos em nossa alma calamitosos desequilíbrios, quais tempestades ocultas, que desencadeamos, por teimosia, no campo da natureza íntima.

Cargas venenosas, instrumentos perfurantes, projetis fulminatórios, afogamentos, enforcamentos, quedas calculadas de grande altura e multiformes viciações com que as criaturas responsáveis arruínam o próprio corpo ou o aniquilam, impondo-lhe a morte prematura, com plena desaprovação da consciência, determinam processos degenerativos e desajustes nos centros essenciais do psicossoma, notadamente naqueles que governam o córtex encefálico, as glândulas de secreção interna, a organização emotiva e o sistema hematopoético.

Ante o impacto da desencarnação provocada, semelhantes recursos da alma entram em pavoroso colapso, sob traumatismo profundo, para o qual não há termo correlato na diagnose terrestre.

Indescritíveis flagelações, que vão da inconsciência descontínua à loucura completa, senhoreiam essas mentes tortu-

[13]Nesse texto André Luiz revela que a desencarnação do Espírito em fase intra-uterina, logo após o renascimento ou em plena infância, obedece a determinantes da lei de causa e efeito, como tudo na Criação. — **Nota da Editora.**

radas, por tempo variável, conforme as atenuantes e agravantes da culpa, induzindo as autoridades superiores a reinterná-las no plano carnal, quais enfermos graves, em celas físicas de breve duração, para que se reabilitem, gradativamente, com a justa cooperação dos Espíritos reencarnados, cujos débitos com eles se afinem.

Eis por que um golpe suicida no coração, acompanhado pelo remorso, causará comumente diátese hemorrágica, com perda considerável da protrombina do sangue, naqueles que renascem para tratamento de recuperação do corpo espiritual em distonia; o auto-envenenamento ocasionará, nas mesmas condições, deploráveis desarmonias nas regiões psicossomáticas correspondentes à medula vermelha, conturbando o nascimento das hemácias, tanto em sua evolução intravascular, dentro dos sinusóides, como também na sua constituição extravascular, no retículo, gerando as distrofias congênitas do eritrônio com hemopatias diversas; os afogamentos e enforcamentos, em identidade de circunstâncias, impõem naqueles que os provocam os fenômenos da incompatibilidade materno-fetal, em que os chamados fatores Rh, de modo geral, após a primeira gestação, permitem que a hemolisina alcance a fronteira placentária, sintonizando-se com a posição mórbida da entidade reencarnante, a se externarem na eritroblastose fetal, em suas variadas expressões; e o voluntário esfacelamento do crânio, a queda procurada de grande altura e as viciações do sentimento e do raciocínio estabelecem no veículo espiritual múltiplas ocorrências de arritmia cerebral, a se revelarem nos doentes renascituros, através da eclampsia e da tetania dos latentes, da hidrocefalia, da encefalite letárgica, das encefalopatias crônicas, da psicose epiléptica, da idiotia, do mongolismo e de várias morboses oriundas da insuficiência glandular.

Claro está que não relacionamos nessa sucinta apreciação os problemas do suicídio associado ao homicídio, os quais, muita vez, se fazem seguidos, em reencarnação posterior do infeliz, por lamentáveis reações, com a morte acidental ou violenta na infância, traduzindo estação inevitável no ciclo do resgate.

No que tange, porém, às moléstias mencionadas, surgem todas elas nos mais diferentes períodos, crestando a existência do veículo físico, via de regra, desde a vida no útero até os 18 e vinte anos de experiência recomeçante e, como vemos, são doenças secundárias, porquanto a etiologia que lhes é própria reside na estrutura complexa da própria alma.

Urge ainda considerar que todos os enfermos dessa espécie são conduzidos a outros enfermos espirituais — os homens e as mulheres que corromperam os próprios centros genésicos pela delinqüência emotiva ou pelos crimes reiterados do aborto provocado, em existências do pretérito próximo, para que, servindo na condição de atendentes e guardiães de companheiros que também se conspurcaram perante a Eterna Justiça, se recuperem, a seu turno, regenerando a si mesmos pelo amoroso devotamento com que lutam e choram, no amparo aos filhinhos condenados à morte, ou atormentados desde o berço.

Segundo observamos, portanto, as existências interrompidas, no alvorecer do corpo denso, raramente constituem balizas terminais de prova indispensável na senda humana, porque, na maioria dos sucessos em que se evidenciam, representam cursos rápidos de socorro ou tratamento do corpo espiritual desequilibrado por nossos próprios excessos e inconseqüências, compelindo-nos a reconhecer, com o apóstolo Paulo (*I Coríntios*, 6:19 e 20. Nota do autor espiritual.) que o nosso instrumento de manifestação, seja onde for, é templo da Força Divina, por intermédio do qual, associando corpo e alma, nos cabe a obrigação de aperfeiçoar-nos, aprimorando a vida, na exaltação constante a Deus.

Evolução em dois mundos, Segunda parte, "Desencarnação", Ed. FEB. De Francisco Cândido Xavier e Waldo Vieira, pelo Espírito André Luiz.

•

Chegáramos ao manicômio. Uma religiosa recebeu--nos. Era Vicência de Guzman, a nobre irmã do nosso amigo da Vigilância.[14]

Depois dos fraternais cumprimentos e apresentações, Hortênsia recomendou-nos à irmã Vicência, a quem deu autorização para conduzir-nos aos recintos interditados às visitas comuns, pois tratava-se, no caso vigente, das instruções programadas para os aprendizes universitários, retirando-se em seguida. Amável e delicada, a jovem religiosa que respondia pelo expediente, na ausência de irmão João, levou-nos a um pátio de enormes dimensões, pitoresco e agradável, para o qual deitavam numerosas janelas, todas gradeadas, pertencentes a câmaras secretas, ou melhor, a celas individuais onde se debatiam Espíritos de mulheres suicidas atacados do mais abominável gênero de demência que me foi dado observar durante o longo tempo que passei no além-túmulo.

....

[14]Visita a um hospital de mulheres suicidas que praticaram abortos ou cometeram o ato de deserção da vida durante período de gravidez. — **Nota da Editora.**

— São as suicidas que apresentam maior grau de responsabilidade na prática do delito e que, por isso mesmo, arrastam o maior cabedal de prejuízos para o futuro, enfrentando através do tempo situações atrozes, que requisitarão períodos seculares a fim de serem modificadas, completamente sanadas! (...) Com semelhantes compromissos a lhes pesarem na consciência e à face da Suprema Lei, eis que, não só profanaram os vínculos santos do matrimônio como também as leis da Criação, negando-se às funções da maternidade e entregando-se às paixões e aos vícios terrenos, absorvidas que preferiram ficar pelo descaso no cumprimento de sacrossantos deveres, dominadas pelas vaidades letais próprias das esferas sociais viciadas e seguindo pelos caminhos da inferioridade moral! Expulsavam das próprias entranhas, furtando-se aos compromissos meritórios e sublimes da maternidade, os corpos em gestação, apropriados para habitação temporária de pobres Espíritos que tinham compromissos a desempenharem a seu lado como no seio da mesma família, os quais precisavam urgentemente renascer delas mesmas, a fim de progredirem no seu âmbito familiar e social, e tal crime praticavam, muitas vezes, anulando abendiçoados labores levados a efeito, nos planos espirituais, por obreiros devotados da Vinha do Senhor, os quais haviam preparado o sublime feito da reencarnação do Espírito carente de progresso, com todo o zelo para que o êxito compensasse os esforços, e, o que é mais grave ainda, depois que a entidade reencarnante já se encontrava ligada ao seu novo fardo em preparação, o que equivale dizer que, cientes do que faziam, cometiam infanticídios abomináveis! Acontece que, ao fim de tantos e tão graves desatinos à luz da razão, da consciência, do dever, da moral, como do pudor pertinente ao estado feminino, deixaram prematuramente o corpo carnal, morrendo, elas próprias, para o mundo físico-material, num dos vergonhosos ultrajes cometidos contra os sagrados direitos da Natureza; outras, depois de luta ímproba e aviltante, durante a qual, à custa de criminosos deméritos, extinguindo em si mesmas as fontes sublimes da reprodutividade, próprias da condição humana, adquiriram, como seqüência natural, enfermidades lastimáveis, tais como a tuberculose, o câncer, infecções repulsivas, etc, etc. que as fizeram prematuramente atingir o plano invisível, sacrificando com o corpo carnal também o futuro espiritual e a paz da consciência, maculando, além do mais, o envoltório físico-astral — o perispírito — com estigmas degradantes, conforme podereis examinar... e rodeando-se de ondas vibratórias tão desarmoniosas e densas que o deformaram completamente, reduzindo-o à expressão vil das próprias mentes...

— Pertencem a todas as classes sociais terrenas, mas aqui se nivelam por idêntica inferioridade moral e mental! Das classes elevadas, porém, acorre o maior contingente, com agravantes insolúveis dentro de dois ou três séculos e até mais... pois que, infelizmente, meus irmãos, sou obrigada a declarar existirem algumas que, a fim de se libertarem das garras de tanto opróbrio, em menos tempo, estarão na terrível necessidade de estagiarem em mundos inferiores à Terra, durante algum tempo, pois que não é em vão que a criatura ousará impedir a marcha dos desígnios divinos, com a Lei Suprema abrindo tão inglória luta!...

....

Várias daquelas criminosas entidades viam-se desfiguradas por três, por cinco, dez imagens pequeninas, o que lhes alterava sobremodo as vibrações, desarmonizando-lhes completamente o estado mental. Cenas deploráveis, fiéis produtos da mente que só se alimentou da ociosidade nociva do pensamento; recordações luxuriosas, esmagadoras provas de conduta infiel à Moral povoavam o lúgubre recinto, transformando-o em habitação de uma coletividade execrável, enlouquecedora! Lutavam as desgraçadas, bracejando sem tréguas, no intuito de repelirem as visões macabras oriundas dos próprios pensamentos! Os pequeninos seres, outrora por elas sacrificados em suas entranhas, esvoaçavam em torno, levados das repercussões do perispírito para as ondas vibratórias da mente, já irradiadas, e aí refletidas através de magnífico, sublime serviço consciencial, castigando a infratora na seqüência de leis naturalíssimas, por elas mesmas acionadas ao cometerem a infração! (...)

Memórias de um suicida, Terceira parte, "O elemento feminino", Ed. FEB. De Yvonne do Amaral Pereira, pelo Espírito Camilo Cândido Botelho.

•

SUICIDA

I

Desde o momento em que sorvera a mistura venenosa, Marina sentia-se morrer, sem morrer.

Não queria viver mais. Via-se desprezada. Acariciara o sonho de esposar Jorge e criar-lhe os filhos. Dois anos de vã esperança.

O pai costumava dizer-lhe: "Cuidado com os rapazes de hoje, nem sempre têm bom caráter"; ela, porém, achava-o antiquado e exigente. A mãe, entretanto, sorria e deixava passar.

Além disso, como resistir? Jorge assobiava todas as noites. Começou pedindo-lhe livros.

— Estou em dificuldades com meu professor de latim — dissera.

E levara-lhe a gramática, voltando no outro dia para solicitar informações. Percebera a manobra, encantada.

Desde então, encontravam-se noite a noite.

A princípio, comentavam estudos.

Queixavam-se dos professores, criticavam colegas, embora freqüentassem instituições diferentes.

Complicara-se, contudo, a conversação.

Após quatro semanas de convivência, iam juntos ao cinema do bairro.

E tudo se agravou numa noite de chuva. Haviam assistido a um filme pitoresco. Uma jovem tímida, contrariada pela família, entregara-se ao rapaz, com quem fugiu, confiante.

Ninguém poderia dizer o que teria acontecido depois, mas o cinema coroara a aventura com um beijo.

Sob a marquise, pensavam no tema, mergulhando o olhar um no outro. À frente da garoa persistente, sentiam-se como numa ilha de encantamento.

— Você teria coragem de acompanhar-me num longo passeio? — perguntou ele, com intenções ocultas.

Ela corara, sem responder.

Refletia na heroína do filme. Não conseguiu desvencilhar-se do braço que a envolvera.

Ele interpretara-lhe o silêncio pelo "sim". Ela não tinha voz para dizer-lhe "não".

Deixou-se conduzir.

Automaticamente.

Lembrava-se de tudo...

Jorge chamara um táxi. Inebriada, sentia-se deslizar no asfalto, como quem patinasse acima das nuvens. Sonhava...

Nem viu quando o moço fez sinal ao motorista.

Qual se fora um animal hipnotizado, seguiu o companheiro. Desceram.

Pingos de chuva caíam-lhe nos cabelos de menina e mulher, como se a noite compassiva desejasse apagar o vulcão de sentimentos e idéias a lhe transtornar a cabeça.

Transpuseram um pequeno portão.

A pequena escada pareceu-lhe um trecho de espaço, à frente do paraíso...

II

Ele apertou um botão que encimava um florão da parede.

Alguns instantes de espera e abre-se a porta. Senhora gorda e afável atendeu, prestimosa.

— Minha velha amiga — dissera Jorge, sorrindo.

E continuou loquaz, enquanto ocupavam pequena sala. A chuva apoquentara-os, e pediam abrigo de alguns minutos a fim de conversarem a sós.

A dona da casa nem de leve se surpreendera, e indicou-lhes quarto próximo.

O moço tomara-lhe a mão trêmula e arrastou-a quase. Mal teve ela tempo para relancear os olhos pelo recinto. Um belo leito de casal estava perto.

Na parede um retrato do Cristo. Que fazia ali a imagem do Cristo?

Recordou em relampagueantes pensamentos repetidas palavras maternas: "Todos devemos orar". Mas não dispunha de espaço mental para ocupar-se do assunto.

Jorge enlaçara-a e as horas se perderam da imaginação, como se o tempo estivesse morto.

Acordou junto dele, alta madrugada. Lembrou-se do lar, como se fosse uma rosa despetalada que devesse retornar ao jardim.

Chorou.

Jorge despertara, generoso, e acalmou-a.

— Tolinha, não há motivo para lágrimas.

Levantaram-se, tornando à sala.

A senhora hospitaleira, embora estremunhada, tinha no rosto a calma das enfermeiras de plantão.

O moço pediu chá e explicou-lhe algo em voz baixa.

Depois do chá, o táxi, chamado pelo telefone, compareceu.

A viagem de volta não apresentava o sabor da vinda. Entre os dois, agora, o silêncio.

— Conversaremos amanhã — disse Jorge simplesmente, ao deixá-la em casa.

O coração materno esperava-a. Parecia adivinhar tudo, pela inquietação que denunciava.

— Por que afligir-se, mãezinha? — mentira pela primeira vez, como passaria a mentir sempre. — A chuva atrasou-nos em excesso e descansamos em casa de Jorge — afirmara, beijando-lhe a face.

E não obstante a carantonha do relógio mostrando as três horas, D. Marcília nada respondeu, suspirando fundo.

III

Desde essa ocasião, aparecera-lhe o outro lado da vida.

Conheceu mais de perto a residência da cancela rosada.

Conversou mais demoradamente com a mulher que velava e conheceu outras clientes do pequeno edifício.

Ao fim de quatro meses, sentira-se diferente. Tinha vertigens. Vomitava.

Jorge levou-a ao gabinete de um médico ainda jovem, que lhe deitava olhares ambíguos.

Revoltava-se diante dele, mas submeteu-se a tratamento.

Processou-se o aborto esperado. Todavia, desde então, tinha sonhos alucinantes.

Via-se perseguida por alguém. Rouquenha voz lhe gritava aos ouvidos: "Mãe, mãe, por que me mataste?". Acordava, enxugando o suor álgido no lençol.

Queria ser mãe. Para isso, porém, precisava casar-se.

Jorge, no entanto, exigia-lhe calma. Devia terminar o curso de bacharel. Mas, nos últimos tempos, fizera-se arredio.

Contava-lhe os sonhos, perturbada. Ele ria-se e falava em consulta ao psiquiatra. Dizia-se também cansado. Estudos intensivos.

Passavam-se agora semanas de ausência. Telefonava-lhe. Pedia conselhos, rogava conforto. Ele sempre a dissipar-lhe os temores com a promessa do matrimônio.

Desde o aborto, era outra. Parecia-lhe viver com o filho que não nascera. Sentia-se visitada por idéias estranhas, como vidraça clara atravessada por largo jogo de sombras.

Na véspera, buscara Jorge na esperança de mais decisivo socorro médico. E estarrecera-se. O amigo, que sempre considerara noivo em particular, estava com outra.

Apresentou-a.

— Companheira de infância — informou.

E afirmara, sem rebuço, que pretendia casar-se dentro de poucos dias.

A rival cumprimentou-a, indiferente à dor que a fulminava. Empalidecera. Jorge, sorridente, conduziu-a a pequena distância e explicou-se.

Não a amava, confessou impassível.

— É melhor terminarmos assim — falou, frio — antes de mais sérias dificuldades.

Ela implorou em lágrimas.

— Dissuada-se — concluiu quase áspero.

E afastara-se, retomando o braço da jovem que sorria, tranqüila, a ignorar-lhe a tragédia.

IV

Mundo íntimo desmoronado.

A idéia de suicídio envolveu-a de todo.

Arrastou-se de regresso a casa.

Adquiriu a substância letal.

Escreveu bilhetes.

E, pela manhã, sorvera a poção de uma só vez.

Pavorosa dor irrompeu-lhe na carne, nos nervos, no sangue, nos ossos...

Convulsões sucessivas não lhe permitiam morrer.

Entretanto, ouvia sua própria mãe a gritar como louca: "Morta! Morta!".

Ouvia algazarra, mas o próprio sofrimento não lhe conferia o privilégio das discriminações. Viu-se carregada. Dois homens colocaram-na em "vasta gaveta", a única interpretação que podia dar ao espaço fechado de pequena ambulância.

Não apenas chorava. Rugia em contorções, mas ninguém lhe percebia agora os terríveis lamentos.

Viu-se atirada, sem qualquer consideração, de encontro ao que lhe pareceu "laje fria". Suplicava socorro. Agitava-se.

Ninguém, no entanto, atendia aos seus apelos.

Seis homens aproximaram-se. Um deles, mais experiente, parecia conduzir outros cinco.

Queria ajoelhar e pedir-lhes a necessária assistência.

Arrependera-se. Desejava retomar o corpo e viver. Pensava no martírio dos pais. Reconhecia-se jovem ainda.

Poderia sobrepor-se à situação. Trabalharia por vencer. Nenhum dos circunstantes lhe ouvia os brados. Pareciam desconhecê-la, desrespeitá-la. E mais que isso, desnudaram-na.

V

O homem amadurecido afastou-se por minutos como quem se esquecera de trazer algum remédio a fim de ajudá-la. Dois dos cinco rapazes presentes tocaram-lhe o corpo. Beliscaram-na.

Alarmou-se, indignada ante o vexame evidente.

O mais velho, longe de garanti-la, fez mais. Tomou de um bisturi e abriu-lhe o abdome.

— Assassinos! Assassinos! — estertorava.

Mas a operação prosseguia. Ouviu vozes. Alguém dizia: "Bela mulher!", enquanto o cavalheiro amadurecido, em grande avental branco, falava em "cianetos" e "cheiro de amêndoas amargas".

Um dos moços, de olhar irônico, exclamou, tateando-lhe o busto: — Por que matar-se deste modo?

Sentindo-se em desespero total, clamava que não. Tentara o suicídio, mas recuara.

— Terminassem a operação! — pedia, em pranto, reconhecendo tratar com jovens cirurgiões em estudo.

Tinha pressa. Desejava tranqüilizar os pais, refazer a existência. Mas, em meio das sensações turbilhonárias que lhe atormentavam a alma, sentiu que continuavam a lhe cortar a carne.

Era demais. Viu-se separada do próprio corpo, como jóia que salta mecanicamente do escrínio. E conheceu a verdade, enfim. O corpo que ela própria arruinara apresentava máscara triste. Mãos ágeis trabalhavam-lhe as vísceras, separando material de exame necrológico.

Entretanto, ela — Marina, ela mesma — cambaleava, de pé, com todas as dores e convulsões de momentos antes...

— Mãe! Minha mãe! — clamou aterrada — quero viver! viver!...

Outra voz, contudo, bramiu-lhe ameaçadora e sarcástica aos ouvidos:

— Mãe, minha mãe, eu também quero viver! viver!...

Procurou com os olhos agoniados quem lhe falava, mas apenas sentiu que braços vigorosos a aprisionavam.

Lembrou, aturdida, o aborto, os sonhos, a tortura e o suicídio, e esforçou-se terrivelmente para voltar e erguer de novo o corpo tombado na mesa fria.

Mas era tarde...

A vida escreve, "Suicida", Ed. FEB.
De Francisco Cândido Xavier e Waldo Vieira, pelo Espírito Hilário Silva.

X - Conseqüências do aborto na saúde física, mental e espiritual

Conseqüências infelizes na mulher que comete o aborto

A mulher que cometeu *aborto delituoso* passa a sofrer consequências desagradáveis imediatas em seu próprio organismo, seja pelo surgimento de enfermidades variadas ou pelos processos sombrios da obsessão, em virtude da *antipatia nascida no Espírito reencarnante*, que vê seu tentame frustrado. (...)

....

(...) As conseqüências imediatas ou a longo prazo virão sempre, para reajustar, reeducar e reconciliar os Espíritos endividados, mas toda cobrança da Justiça Divina tem o seu tempo certo.

Sexo e evolução, "Aborto e Justiça Divina", Ed. FEB.
De Walter Barcelos.

•

Efeitos imediatos do aborto

As conseqüências imediatas do *aborto delituoso* logicamente se refletem, primeiro e em maior grau, no *organismo fisiopsicossomático da mulher*, pois abortar é arrancar violentamente um ser vivo do claustro materno.

O centro genésico, que é o santuário das energias criadoras do sexo e tem sua contraparte na organização perispiritual da mulher, com a prática do aborto condenável sofre desequilíbrios profundos, ainda desconhecidos da ciência terrena. (...)

Sexo e evolução, "Aborto e Justiça Divina", Ed. FEB.
De Walter Barcelos.

•

O ABORTO

Segundo o Dr. Yves Lezan, especialista em ginecologia, "sendo o aborto provocado uma prática clandestina e, na grande maioria das vezes, executado em locais desprovidos de completa higiene e assepsia, pode trazer gravíssimas conseqüências oriundas de infecções, tais como peritonites, quer por pequenas perfurações no útero, que passem despercebidas, ou por passagem do cáustico através das trompas e queda dentro da cavidade abdominal. Não seria demais falar no possível aparecimento do tétano, que sobrevém após um período de incubação de quatro a oito dias, com evolução geralmente aguda e ainda vários estados septicêmicos de alta gravidade. As hemorragias externas tanto podem aparecer logo após a prática do aborto como passado algum tempo e perdurar ainda por longo período. Em conseqüência dessas perdas sangüíneas, surgem, secundariamente, sinais de anemia, que será proporcional ao volume total do sangue perdido, exigindo por vezes transfusões de sangue". Esclarece, mais, o referido especialista, que, se repetido com freqüência, o abortamento pode provocar: a) "inflamação dos ovários, que se manifesta por meio de dores no baixo ventre e corrimento, o que exigirá tratamentos especializados, nem sempre coroados de êxito; b) irregularidades nas regras, com cólicas durante e após o período menstrual; c) a frigidez sexual e a esterilidade definitiva da mulher; d) esgotamento; e) perturbações nervosas; f) envelhecimento precoce, etc."

Ouçamos, agora, o que a respeito nos diz um médico do mundo maior: "A mulher que o promove ou que venha a coonestar semelhante delito é constrangida, por leis irrevogáveis, a sofrer alterações deprimentes no centro genésico de sua alma, predispondo-se geralmente a dolorosas enfermidades, quais sejam a metrite, o vaginismo, a metralgia, o enfarte uterino, a tumoração cancerosa, flagelos esses com os quais, muita vez, desencarna, demandando o Além para responder, perante a Justiça Divina, pelo crime praticado". (André Luiz, "*Ação e reação*".)

Não terminam aí, todavia, os funestos resultados do aborto provocado.

Espiritualmente, os reflexos da criminosa irresponsabilidade dos pais (em especial das mães), rechaçando aqueles que deveriam retornar à carne, com os quais, não raro, haviam assumido sagrados compromissos, são ainda mais de temer.

Sentindo-se roubados, ou traídos, essas entidades passam a votar profundo ódio aos que se recusaram a recebê-los em novo berço e, quando não lhes infernizam a existência terrena, em longos processos obsessivos, aguardam, sequiosos de vingança, que façam o trespasse, para então tirarem a forra, castigando-os sem dó nem piedade.

Talvez haja quem indague: E a Providência Divina permite fiquem os que fugiram ao cumprimento de suas obrigações, à mercê da sanha desses Espíritos vingativos?

Sim, permite, porque cada um precisa carpir seus próprios erros, sem o que jamais aprenderia a respeitar, como deve, as Leis de Deus.

Diante disso, não convém refletir maduramente se vale a pena pagar tão alto preço por leviandades dessa ordem?

As leis morais, "O aborto", Ed. FEB.
De Rodolfo Calligaris.

•

Aborto criminoso

É dessa forma que a mulher e o homem, acumpliciados nas ocorrências do aborto delituoso, mas principalmente a mulher, cujo grau de responsabilidade nas faltas dessa natureza é muito maior, à frente da vida que ela prometeu honrar com nobreza, na maternidade sublime, desajustam as energias psicossomáticas, com mais penetrante desequilíbrio do centro genésico, implantando nos tecidos da própria alma a sementeira de males que frutescerão, mais tarde, em regime de produção a tempo certo.

Isso ocorre não somente porque o remorso se lhes entranhe no ser, à feição de víbora magnética, mas também porque assimilam, inevitavelmente, as vibrações de angústia e desespero e, por vezes, de revolta e vingança dos Espíritos que a Lei lhes reservara para filhos do próprio sangue, na obra de restauração do destino.

No homem, o resultado dessas ações aparece, quase sempre, em existência imediata àquela na qual se envolveu em compromissos desse jaez, na forma de moléstias testiculares, disendocrinias diversas, distúrbios mentais, com evidente obsessão por parte de forças invisíveis emanadas de entidades retardatárias que ainda encontram dificuldade para exculpar-lhes a deserção.

Nas mulheres, as derivações surgem extremamente mais graves. O aborto provocado, sem necessidade terapêutica, revela-se matematicamente seguido por choques traumáticos no corpo espiritual, tantas vezes quantas se repetir o delito de lesa-maternidade, mergulhando as mulheres que o perpetram em angústias indefiníveis, além da morte, de vez que, por mais extensas se lhes façam as gratificações e os obséquios dos Espíritos amigos e benfeitores que lhes recordam as qualidades elogiáveis, mais se sentem diminuídas moralmente em si mesmas, com o centro genésico desordenado e infeliz, assim como alguém indebitamente admitido num festim brilhante, carregando uma chaga que a todo instante se denuncia.

Dessarte, ressurgem na vida física, externando gradativamente, na tessitura celular de que se revestem, a disfunção que podemos nomear como sendo a miopraxia do centro genésico atonizado, padecendo, logo que reconduzidas ao curso da maternidade terrestre, as toxemias da gestação. Dilapidado o equilíbrio do centro referido, as células ciliadas, mucíparas e intercalares não dispõem da força precisa na mucosa tubária para a condução do óvulo na trajetória endossalpingeana, nem para alimentá-lo no impulso da migração por deficiência hormonal do ovário, determinando não apenas os fenômenos da prenhez ectópica ou localização heterotópica do ovo, mas também certas síndromes hemorrágicas de suma importância, decorrentes da nidação do ovo fora do endométrio ortotópico, ainda mesmo quando já esteja acomodado na concha uterina, trazendo habitualmente os embaraços da placentação baixa ou a placenta prévia hemorragípara que constituem, na parturição, verdadeiro suplício para as mulheres portadoras do órgão germinal em desajuste.

Enquadradas na arritmia do centro genésico, outras alterações orgânicas aparecem, flagelando a vida feminina como sejam o descolamento da placenta eutópica, por hiperatividade histolítica da vilosidade corial; a hipocinesia uterina, favorecendo a germicultura do estreptococo ou do gonococo, depois das crises endometríticas puerperais; a salpingite tuberculosa; a degeneração cística do cório; a salpingooforite, em que o edema e o exsudato fibrinoso provocam a aderência das pregas da mucosa tubária, preparando campo propício às grandes inflamações anexiais, em que o ovário e a trompa experimentam a formação de tumores purulentos que os identificam no mesmo processo de desagregação; as síndromes circulatórias da gravidez aparentemente normais, quando a mulher, no pretérito, viciou também o centro cardíaco, em conseqüência do aborto calculado e seguido por disritmia das forças psicossomáticas que regulam o eixo elétrico do coração, ressentindo-se, como resultado, na nova encarnação e em pleno surto de gravidez, da miopraxia do aparelho cardiovascular, com aumento da carga plasmática na corrente sangüínea, por deficiência no orçamento hormonal, daí resultando graves problemas da cardiopatia conseqüente.

Temos ainda a considerar que a mulher sintonizada com os deveres da maternidade na primeira ou, às vezes, até na segunda gestação, quando descamba para o aborto criminoso, na geração dos filhos posteriores, inocula automaticamente no centro genésico e no centro esplênico do corpo espiritual as causas sutis de desequilíbrio recôndito, a se lhe evidenciarem na existência próxima pela vasta acumulação do antígeno que lhe imporá as divergências sangüíneas com que asfixia, gradativamente, através da hemólise, o rebento de amor que alberga carinhosamente no próprio seio, a partir da segunda ou terceira gestação, porque as enfermidades do corpo humano, como reflexos das depressões profundas da alma, ocorrem dentro de justos períodos etários.

Além dos sintomas que abordamos em sintética digressão na etiopatogenia das moléstias do órgão genital da mulher, surpreenderemos largo capítulo a ponderar no campo nervoso, à face da hiperexcitação do centro cerebral, com inquietantes modificações da personalidade, a raiarem, muitas vezes, no martirológio da obsessão, devendo-se ainda salientar o caráter doloroso dos efeitos espirituais do aborto criminoso, para os ginecologistas e obstetras delinqüentes.

Evolução em dois mundos, Segunda parte, "Aborto criminoso", Ed. FEB.
De Francisco Cândido Xavier e Waldo Vieira, pelo Espírito André Luiz.

•

Filho que não nasceu

Fui trazido ao teu colo e sussurro, baixinho:
— Mãe, eu serei na carne o sonho de teu sonho!...
Depois, em prece ardente, em ti meus olhos ponho,
Pássaro fatigado ante a úsnea do ninho.

Abraço-te. És comigo a esperança e o caminho...
Em seguida — oh! irrisão! —, eis que, num caos medonho,
Expulsas-me a veneno, e, bruto, me empeçonho,
Serpe oculta a ferir-te em silêncio escarninho

Já me dispunha a dar o golpe extremo, quando
Surge alguém que me obriga a deixar-te dançando
Em formoso salão onde o prazer fulgura.

Passa o tempo. Hoje volto... É o amor que em mim arde.
Mas encontro-te, oh! mãe, a gemer, triste e tarde,
Sombra que foi mulher, enjaulada à loucura...

Antologia dos imortais, Parte III, Ed. FEB.
De Francisco Cândido Xavier, pelo Espírito José Guedes.

•

Sexo e destino

Descerrada a passagem, uma senhora triste compareceu.[15]

Assinalando a presença de Félix, esqueceu-se da autoridade de que Amantino se achava revestido e precipitou-se na direção do instrutor, prosternando-se de joelhos.

Félix acenou para os guardas e recomendou que a levantassem.

Apenas aí cheguei a entender que o mentor se preparara, de antemão, a rejeitar qualquer manifestação de idolatria, fugindo à lisonja que ele usualmente não suportava.

A recém-chegada, não obstante contrafeita, foi constrangida a falar de pé, mantida por aqueles que a sustentavam.

— Instrutor, tenha compaixão de nós! — chorou a mulher, entregando-lhe os autos que trazia — roguei proteção para minha filha e veja o resultado... Manicômio, manicômio... Coração de mãe concorda com isso? Impossível, impossível...

O benfeitor leu a peça e obtemperou:

— Jovelina, sejamos fortes e razoáveis. O despacho é justo.

— Justo! pois o senhor não conhece minha filha?

— Ah! sim — disse Félix com indefinível tristeza a lhe velar o semblante. — Íria Veletri... Lembro-me de quando se ausentou, há 36 anos... Casou-se aos 18 e se desligou do mari-

---

[15] Audiência com os instrutores Félix e Amantino, quando é ouvida chorosa mãe, preocupada com Marina, a filha encarnada. — **Nota da Editora.**

do, homem digno, aos 26, unicamente porque não pudesse o companheiro sustentar-lhe a vocação para o luxo desmesurado. Em oito anos de ligação conjugal, nunca se portou à altura dos compromissos e praticou seis abortos... Abandonando o lar e afundando-se em prostituição, foi convidada, indiretamente, e, por várias vezes, sob a inspiração de amigos daqui, para que se afastasse dos hábitos dissolutos, fazendo-se mãe respeitável de filhos que, embora nascidos do sofrimento, se lhe transformariam, com o tempo, em tutores e companheiros abnegados... Diversos tentames foram empreendidos... Íria, no entanto, expulsou todos os filhinhos, arrancando-lhes do seio o corpo em formação... Seis abortos até agora e, até agora, nada fez que lhe recomende a permanência no mundo... Não lhe consta da ficha o mínimo gesto de bondade à frente dos semelhantes... Ela própria se entregou de bom grado aos vampirizadores que lhe desgastam as energias... E a nossa Casa não lhe opôs contradita à vontade de viver assim obsidiada, para que não continue convertendo o claustro materno em antro da morte...

E deixando entrever funda melancolia no olhar, rematou, enlaçando-a com paterna solicitude:

— Ah! Jovelina, Jovelina! Quantos de nós aqui teremos filhos amados nos hospícios da Terra... O manicômio é também refúgio levantado pela Divina Providência para expurgar nossas culpas... Volte aos afazeres e honre a filha, trabalhando e servindo mais... Seu amor de mãe será junto de nossa Íria assim como a luz que remove as trevas!...

A requerente fitou os olhos do instrutor, olhos que lhe falavam de recôndito martírio moral, e agradeceu, engasgada de angústia, beijando-lhe a destra com humildade.

A sala retomou a feição própria, mas a entrevista não estimulou comentários.

Separei-me dos novos amigos e, a poucos passos, fora do edifício, despedi-me também de Félix.

Mais algumas horas e entrei na clínica de nervosos, em Botafogo.

Marina,[16] sob as atenções de Moreira, dormia, agitada.

Sexo e destino, Segunda parte, cap. X, Ed. FEB.
De Francisco Cândido Xavier e Waldo Vieira, pelo Espírito André Luiz.

•

Sonambulismo torturado

Fomos recebidos por Clementino, generoso, que nos aproximou de jovem senhora, concentrada em oração, seguida por distinto cavalheiro, na pequena fila dos enfermos que naquela noite receberiam assistência.[17]

Afagando-lhe a cabeça, o supervisor notificou:

— Favoreceremos a manifestação de infeliz companheiro que a vampiriza, não somente com o objetivo de socorrê-lo, mas também com o propósito de estudarmos alguma coisa com respeito ao sonambulismo torturado.

Observei a dama, ainda muito moça, inclinada para o homem irrepreensivelmente trajado que a amparava de perto.

O mentor do recinto afastou-se em tarefa de governança, mas Áulus tomou-lhe o lugar, passando a esclarecer-nos com a bondade que lhe era característica.

Indicando-nos o casal, informou:

— São ambos marido e mulher num enlace de provação redentora.

---

[16] Íria Veletri na encarnação anterior. — **Nota da Editora.**

[17] Atendimento conduzido pelos irmãos Clementino e Raul Silva no plano material, e por Áulus, o próprio André Luiz, Hilário e outros mentores a casal socorrido num Centro Espírita. — **Nota da Editora.**

A essa altura, porém, os guardas espirituais permitiram o acesso do infortunado amigo.

Achamo-nos positivamente frente a frente com um louco desencarnado.

Perispírito denso, trazidos todos os estigmas da alienação mental indiscutível.

Olhar turvo, fisionomia congesta, indisfarçável inquietação...

A presença dele inspiraria repugnância e terror aos menos afeitos à enfermagem.

Além da cabeça ferida, mostrava extensa úlcera na garganta.

Precipitou-se para a jovem doente, à maneira de um grande felino sobre a presa.

A simpática senhora começou a gritar, transfigurada.

Não se afastara espiritualmente do corpo.

Era ela própria a contorcer-se, em pranto convulsivo, envolta, porém, no amplexo fluídico da entidade que lhe empolgava o campo fisiológico, integralmente.

Lágrimas quentes lhe corriam dos olhos semicerrados, o organismo relaxara-se como embarcação à matroca e a respiração se tornara sibilante e opressa.

Tentava falar, contudo a voz era um assobio desagradável.

As cordas vocais revelavam-se incapazes de articular qualquer frase inteligível.

Raul, sob o comando de Clementino, abeirou-se da dupla em aflitivo reencontro e aplicou energias magnéticas sobre o tórax da médium, que conseguiu expressar-se em clamores roufenhos:

— Filha desnaturada!... Criminosa! criminosa!... nada te salva! Descerás comigo às trevas para que me partilhes a dor... Não quero socorro... quero estar contigo para que estejas comigo! Não te perdoarei, não te perdoarei!...

E, do pranto convulso, passava incompreensivelmente a gargalhadas de vingador.

Agora, não podíamos saber se estávamos à frente de uma vítima que se lastimava ou de um palhaço que escarnecia.

— A justiça está em mim! — prosseguia bradando por entre silvos. — Sou o advogado de minha própria causa! e a desforra é o meu único recurso...

....

Ante as nossas primeiras perguntas, Áulus acentuou:

— É um caso doloroso como o de milhares de criaturas.

— Vê-se bem — aduziu Hilário, sob forte impressão —, que é a nossa própria irmã quem fala e gesticula...

— Sim — aprovou o Assistente —, entretanto, encontra-se imantada ao companheiro espiritual, cérebro a cérebro. (...)

(...) designando a garganta da médium, repentinamente avermelhada e intumescida, [Áulus] continuou:

— Nesta hora, tem a glote dominada por perturbação momentânea. Não consegue exprimir-se senão em voz rouquenha, quebrando as palavras. Isso porque o nosso irmão torturado, ao qual se liga pelos laços mais íntimos, lhe transmite as próprias sensações, compelindo-a a copiar-lhe o modo de ser.

— Tão entranhada se revela a associação de ambos — alegou Hilário — que sou levado a indagar de mim mesmo se na vida comum não serão eles, a bem dizer, duas almas num só corpo, assim como duas plantas distintas uma da outra a se desenvolverem num vaso único... Na experiência diária, vulgar, não será nossa irmã constantemente influenciada, de maneira positiva, embora indireta, pelo companheiro que a obsidia?

— Você examina o assunto com acertado critério. Nossa amiga, na equipe doméstica, é um enigma para os familiares. Moça de notável procedência, possui belas aquisições culturais, entretanto, sempre se comporta de modo chocante, evidenciando desequilíbrios ocultos. A princípio, compareciam a insatisfação e a melancolia ocasionando crises de nervos e distúrbios circulatórios. Doente, desde a puberdade, em vão opinaram clínicos de renome sobre o caso, até que um cirurgião, crendo-a prejudicada por desarmonias da tireóide, submeteu-a a delicada intervenção, da qual saiu com seus padecimentos inalterados. Logo após, conheceu o cavalheiro sob nossa observação, que a desposou convencido de que o matrimônio lhe constituiria renovação salutar. Ao invés disso, a situação se lhe agravou. A gravidez cedo se verificou, consoante a planificação de serviço, traçada na Vida Superior. Nossa irmã doente deveria receber o perseguidor nos braços maternos, afagando-lhe a transformação e auxiliando-lhe a aquisição de novo destino, mas, sentindo-lhe a aproximação, recolheu-se a insopitável temor, adiando o trabalho que lhe compete. Impermeável às sugestões da própria alma, provocou o aborto com rebeldia e violência. Essa frustração foi a brecha que favoreceu mais ampla influência do adversário invisível no círculo conjugal. A pobre criatura passou a sofrer multiplicadas crises histéricas, com súbita aversão pelo marido. Principalmente à noite, é colhida, de assalto, por fenômenos de sufocação e de angústia, amargurando o consorte desolado. Médicos foram trazidos, no entanto os hipnóticos foram empregados em vão... Em franca demência, a enferma foi conduzida à casa de saúde, todavia, a insulina e o eletrochoque não lhe solucionaram o problema. Presentemente, atravessa um período de repouso em família, deliberando o esposo experimentar o concurso do Espiritismo.

Enquanto Silva e Clementino procuravam sossegar a médium e o comunicante, reunidos numa simbiose de extremo desespero, Hilário e eu continuávamos famintos de esclarecimento maior.

— E se ela conseguisse nova maternidade? — inquiriu meu colega, estudioso.

— Sim — concordou Áulus, convicto —, semelhante reconquista ser-lhe-á uma bênção, contudo, pela trama de sentimentos contraditórios em que se emaranhou, na fuga das obrigações que lhe cabem, não pode receber, de pronto, esse privilégio.

Lembrei-me de mulheres que se fazem mães nos hospícios, mas, analisando-me os pensamentos, o orientador explicou:

— A posição de alienada mental não lhe retira os favores da Natureza, mas a crueldade meditada com que se afastou dos compromissos assumidos, imprimiu certo desequilíbrio ao centro genésico. Nossas defecções mais íntimas, embora desconhecidas dos outros, prejudicam-nos o veículo sutil e não podemos trair o tempo nas reparações necessárias, ainda mesmo quando o remorso nos ajude a restaurar as boas intenções. A perfeita entrosagem dos elementos psicofísicos filia-se à mente. A vida corpórea é a síntese das irradiações da alma. Não há órgãos em harmonia sem pensamentos equilibrados, como não há ordem sem inteligência.

O serviço de socorro espiritual, porém, continuava inquietante.

A entidade vingadora, jungida à médium, demorava-se contida pelos assessores de Clementino, ao passo que a moça, refletindo-lhe as emoções e os impulsos, tinha o peito arfante e gemia em soluços:

— Para mim não há recurso!... Sou um renegado!...

— Perdoa, meu irmão, e o caminho ser-te-á renovado — dizia Raul, com inflexão de amor. — Desculpando, somos desculpados. Todos temos dívidas... Não se inclinará, porventura, ao auxílio para que seja igualmente ajudado?

— Não posso, não posso... — chorava o infeliz.

E, à frente daquele par de Espíritos sofredores num só corpo, Áulus prosseguiu esclarecendo:

— A fim de examinar com serenidade as agruras da obsessão na mediunidade torturada, não podemos esquecer as causas do suplício de hoje a se enraizarem nas sombras de ontem. Os templos espíritas vivem repletos de dramas comoventes, que se prendem ao passado remoto e próximo.

Apontando o casal com a destra, continuou:

— O esposo de agora foi no pretérito um companheiro nocivo para a nossa irmã obsidiada, induzindo-a a envenenar o pai adotivo, hoje metamorfoseado no verdugo que a persegue. Herdeira de considerável fortuna, com testamento garantido, em sua condição de filha adotiva e única, viu que o velho tutor pretendia alterar decisões. Isso aconteceu em aristocrática mansão do século que passou. O viúvo abastado, que a criara com desvelado carinho, não concordou com a escolha feita. O moço não lhe agradava. Parecia mais interessado em pilhar-lhe as finanças que em fazer a felicidade da jovem desprevenida e insensata. Procurou, então, subtraí-la à influência do noivo, verificando que debalde lhes buscava a separação. Indignado, mobilizava medidas legais para deserdá-la, quando o rapaz, explorando a paixão de que a moça se via possuída, induziu-a a eliminá-lo, através de entorpecentes contínuos. Anulando o velhinho, por duas semanas de falsa medicação, o serviço da morte foi completado por diminuta dose de corrosivo. Findo ligeiro período de luto, a jovem herdeira enriqueceu o marido ao casar-se, contudo, em pouco tempo, viu-se presa de aflitivas desilusões, porque o esposo depressa se revelou jogador inveterado e libertino confesso, relegando-a a profunda miséria moral e física. Não lhe bastou esse gênero de aniquilamento gradativo. O tutor desencarnado imantou-se a ela, com desvairada fome de vingança, submetendo-a a horríveis tormentos íntimos. Em verdade, o parricídio permaneceu ignorado na Terra, mas foi registrado nos tribunais divinos e longo trabalho expiatório vem sendo levado a efeito, porquanto, ainda aqui, estamos observando esse trio de consciências entrelaçadas nos fios dilacerantes da provação redentora.

O infortunado perseguidor recolhia afetuosas admoestações de Raul Silva e, depois de breve intervalo, o Assistente continuou:

— Como vemos, a tragédia de nossa irmã enferma vem de longe. Nos planos inferiores da vida espiritual, vagueou por muito tempo na faixa de ódio da vítima que se lhe fez vingativo credor e, na atualidade, em nova etapa de luta, tem o pensamento enovelado ao dele. Atravessou a infância e a puberdade, experimentando-lhe o assédio a distância, todavia, quando o inimigo de outrora reapareceu na condição de marido atual, com a tarefa de ajudar a companheira e reeducá-la, e fraquejando nossa amiga nos primeiros tentames da responsabilidade maternal, o obsessor aproveitou-se do ascendente magnético sobre a pobrezinha, golpeando-lhe o equilíbrio.

Sensibilizados com o quadro de justiça a desdobrar-se sob nossos olhos, não conseguíamos fugir à indagação para melhor fixar ensinamentos.

Fixando a atenção no esposo da vítima, que a amparava carinhosamente, Hilário considerou:

— Com que, então, nosso amigo tem o seu débito a saldar para com a mulher doente...

— Sem dúvida — confirmou Áulus com grave entono —, o Poder Divino não nos aproxima uns dos outros sem fins justos. No matrimônio, no lar ou no círculo de serviço, somos procurados por nossas afinidades, de modo a satisfazer aos imperativos da lei de amor, seja na ampliação do bem, ou no resgate de nossas dívidas, resultantes do nosso deliberado contato com o mal. Nossa irmã sofre os efeitos do parricídio a que se entregou pelo anseio de desfrutar prazeres que lhe desajustaram o plano consciencial, e o amigo que lhe inspirou a ação deplorável é agora chamado a ajudá-la na restauração imprescindível. (...)

Nos domínios da mediunidade, "Sonambulismo torturado", Ed. FEB.
De Francisco Cândido Xavier, pelo André Luiz.

•

Desenvolvimento mediúnico

O capítulo "Sonambulismo torturado", que nos forneceu ensejo ao estudo do vampirismo, é rico em observações relativas aos variados processos de resgates, os quais se expressam no mundo à maneira de complexos distúrbios mediúnicos.

Fixemos o gráfico-base da análise do assunto:

PROTAGONISTAS

- Devedores diretos
- Devedores indiretos (cúmplices)

PROCESSOS DE AUXÍLIO

- Magnéticos
- Verbais (doutrinação fraterna)
- Vibracionais (prece e concentração)

BENEFÍCIOS DISPENSADOS PELO AMPARO DOS CENTROS

- O perseguidor sentirá a necessidade de perdoar para melhorar-se.
- O devedor direto será compelido a fortalecer-se e, perdoando, recuperar-se.
- O devedor indireto sentirá a necessidade da meditação, da calma, da paciência e cooperação, para, reajustando-se, ter paz e felicidade.

As personagens são dois encarnados: uma jovem senhora e o seu esposo, e o desencarnado, pai adotivo da moça, no passado foi por ela envenenado a mando do atual marido.

Três almas comprometidas com a Lei, em redentora provação.

Três corações entrelaçados por vínculos sombrios, pedindo compreensão, amor e tolerância.

A moça, como devedora direta, porque autora do envenenamento do próprio benfeitor.

O atual esposo, como devedor indireto, inspirador do extermínio, a fim de apossar-se da fortuna material.

E o desencarnado, ainda desajustado, incapaz de compreender os benefícios que o perdão sincero lhe proporcionaria, além de abrir-lhe a rota para o crescimento espiritual, na direção da Luz.

Trata-se, sem dúvida, de complexo drama, onde o cúmplice de ontem recebe hoje, na condição de esposa, a noiva do passado, por ele convertida em criminosa vulgar, a fim de ajudá-la a reajustar-se, curando a desarmonia que a sua ambição lhe gerou na mente invigilante.

A Lei — esta Lei cujo mecanismo ainda ignoramos quase que totalmente — incumbiu-se de promover o reencontro das três almas necessitadas de carinho.

Certa vez ouvimos um confrade afirmar que nós, os espíritas, somos os "milionários da felicidade".

Quanta verdade nesta afirmativa!

Efetivamente somos "milionários da felicidade" porque o nosso Espírito se enriquece, incessantemente, de novos conhecimentos que a Espiritualidade bondosamente nos revela, através da psicografia ostensiva e da pena inspirada dos escritores-sensitivos.

O Espiritismo nos ensina que a maioria dos lares terrestres se constitui de casamentos provacionais.

Antigos desafetos que se reúnem, respirando no mesmo teto, para a dissipação do rancor.

Almas que, interpretando defeituosamente as legítimas noções do amor, se acumpliciaram no pretérito.

Diminuto o número de casais reunidos por superiores afinidades.

Vejamos como o assistente Áulus descreve o reencontro, na atual reencarnação, das personagens daquele drama selado com o sangue do pai adotivo da irmã que, na atualidade, se encontra a braços com a mediunidade torturada.

"Decerto nosso companheiro na atualidade não se sente feliz. Recapitulando a antiga fome de sensações, abeirou-se da mulher que desposou, procurando instintivamente a sócia de aventura passional do pretérito, mas encontrou a irmã doente que o obriga a meditar e a sofrer."

Têm razão os benfeitores espirituais quando asseguram que "os templos espíritas vivem repletos de dramas comoventes, que se prendem ao passado remoto e próximo".

E por viverem repletos de tais dramas é que se impõe a todos, imprescindivelmente, a necessidade do estudo metódico e sério, a fim de que, casos que reclamam, simplesmente, amorosa ajuda a vítimas e verdugos, não sejam lastimavelmente confundidos com "mediunidade a desenvolver".

O caso em tela é um desses.

Uma casa espírita menos avisada iniciaria logo, com prejuízos para a irmã doente, o seu prematuro desenvolvimento mediúnico.

Um grupo consciente, como o visitado pelos irmãos André Luiz e Hilário, cuidaria, antes de tudo, de curá-la e ao perseguidor.

"É uma médium em aflitivo processo de reajustamento. É provável se demore ainda alguns anos na condição de doente necessitada de carinho e de amor."

E, completando o informe, com valiosa advertência aos dirigentes:

"Desse modo, por enquanto é um instrumento para a criação de paciência e boa vontade no grupo de trabalhadores que visitamos, mas sem qualquer perspectiva de produção imediata, no campo do auxílio, de vez que se revela extremamente necessitada de concurso fraterno".

Deduz-se, assim, que toda pessoa que procura os centros espíritas, assinalada por complicados distúrbios mediúnicos, não deve ser levada de imediato, sistematicamente, à mesa do desenvolvimento.

Antes de tudo a ajuda fraterna, com o esforço pelo reajustamento.

Depois, sim, servir ao Bem, com a mente harmonizada e o coração guardando, como sublime tesouro, aquela paz e aquele anseio de auxiliar o próximo.

Um pormenor que não pode deixar de ser mencionado é o das conseqüências advindas do aborto provocado por aquela irmã, quando a vítima do passado, o próprio pai adotivo assassinado, tentou o renascimento.

Tivesse ela assumido a responsabilidade maternal ao primeiro tentame, e não teria passado por tão cruéis sofrimentos.

É por isso que proclamamos, em alto e bom som: somos, efetivamente, "milionários da felicidade".

Jamais alguém conceituou os espíritas com tamanha exatidão.

"Milionários da felicidade!"

Nenhuma mulher espírita terá coragem de promover um aborto. E, se o fizer, pobrezinha dela!

A Doutrina Espírita preceitua que o aborto é um crime horripilante, tão condenável quanto o em que se elimina a existência de um adulto.

Conhecesse aquela irmã o Espiritismo e tê-lo-ia evitado, fugindo-lhe, assim, às desastrosas conseqüências.

A Misericórdia Divina, entretanto, se compadece infinitamente de todos nós.

Via de regra, é através de acerbas provações que o Espírito humano, redimindo-se, reparando os erros, destruindo sinais de ódio e de sangue, inicia, esperançoso, a sublime caminhada para o Monte da Sublimação.

Acolhidos, inicialmente, em um núcleo cristão, o verdugo, a vítima e o cúmplice serão beneficiados.

Através de passes magnéticos, da doutrinação verbal amorosa e das vibrações dos componentes do grupo, receberão os três as claridades prenunciadoras da reconciliação, quando, então, o verdugo reingressará "nas correntes da vida física", reencarnando na condição de filhinho querido daqueles que, ontem, enceguecidos pela avareza, lhe cortaram impiedosamente o fio da existência...

Com a palavra, mais uma vez, o assistente Áulus:

"Noite a noite, de reunião em reunião, na intimidade da prece e dos apontamentos edificantes, o trio de almas renovar-se-á pouco a pouco".

O perseguidor sentirá a necessidade de perdoar, único caminho para alcançar a indispensável melhoria...

A vítima, devedora direta, sentirá a necessidade de fortalecer-se e, perdoando, recuperar-se a fim de, com Jesus, oferecer mais adiante a sua mediunidade aos serviços assistenciais...

E o esposo, devedor indireto, autor intelectual do crime, será compelido à meditação, à calma e à paciência, a fim de que, acertando as suas contas, tenha paz e felicidade...

Estudando a mediunidade, cap. XIV "Desenvolvimento mediúnico", Ed. FEB.
De Martins Peralva.

•

Depoimento:

C. N., 38 anos, solteira, bióloga com doutorado em conhecida universidade norte-americana. Aos 14 anos, durante uma aula de Educação Física, sentiu algo se movimentando em seu ventre "um pouco inchado por atrasos na menstruação". Exames revelaram gravidez de cinco meses, resultante de uma única relação. Ao expor aos pais a dificuldade, recebeu duas opções: aborto ou afastamento de casa até o momento do parto, com a condição irrevogável de entregar a criança para adoção. Afinal, diziam, "a família não merece enfrentar essa vergonha perante os amigos e vizinhos". Amedrontada e pressionada, optou pelo aborto. Foi realizada microcesária fora da cidade onde residia, para preservação de "total sigilo e dignidade". Aborto muito dispendioso, U$ 6.000,00, na época, pagos prazerosamente pelos pais visando "cortar o mal pela raiz".

Ficou traumatizada. Aos 24 anos, fazendo pós-graduação nos EUA, extraiu voluntariamente as trompas, sentindo-se emocionalmente incapaz de encarar sem sentimento de culpa qualquer relacionamento que pudesse conduzir à maternidade.

Conseqüências: C. N. atualmente, 24 anos depois, ainda se encontra desequilibrada. É profissionalmente brilhante, bonita, mas tem idéia fixa no episódio que mudou sua vida. Não sai com ninguém, não fica sozinha nem freqüenta eventos festivos. Ativamente, busca sempre novos médicos, na esperança de encontrar um remédio capaz de proporcionar-lhe calma e sono tranqüilo. Cada vez que entra num consultório pela primeira vez, inicia seu histórico pessoal relatando o aborto.

Os pais, tão empenhados em induzi-la a optar pelo abortamento e "patrocinadores" da infeliz ocorrência, não tiveram netos. O filho, irmão de C. dois anos mais novo, revelou-se estéril.

•

Enfermidades irreversíveis na próxima encarnação

Para a mulher que praticou o aborto, injustificadamente, os sofrimentos continuarão na próxima encarnação, através dos desequilíbrios psíquicos diversos, enfermidades do útero e a grande frustração pela impossibilidade de gerar filhos. Mesmo a mulher que praticou o aborto, após já ter concebido o primeiro ou o segundo filho, receberá, na próxima encarnação, os *sintomas perturbatórios de seu crime*, justamente depois do primeiro ou do segundo filho, período exato em que praticou o aborto na existência anterior. Diversos problemas que sofrem hoje as mulheres no exercício da maternidade têm suas causas profundas nos deslizes do passado, que hoje surgem no corpo físico como reflexo positivo da desorganização perispirítica.

Em razão disso, nem sempre a mulher recupera a saúde, afetada por esses transtornos, somente com o uso de medicamentos e hábeis cirurgias da medicina terrestre, pois há que resgatar em si mesma, à custa de muitos sofrimentos, suportados com fé e abnegação, os crimes do ontem, para aprender a valorizar, respeitar e amparar a vida dos filhos que Deus temporariamente lhe entrega nas mãos.

Sexo e evolução, "Aborto e Justiça Divina", Ed. FEB.
De Walter Barcelos.

•

Três outras consequências posteriores à prática de aborto:

Barrigas de aluguel

Fundamental, às chamadas "mães de aluguel", considerar que entre mãe e filho, na gestação, há simbiose fluídica, interligando os dois Espíritos envolvidos no processo. Que as mulheres dispostas a essa atividade reflitam bem nesses ensinamentos, entendendo que a maternidade, dentro de uma união de amor, ou de fraternidade, é sublime, enquanto que o aluguel do útero não passa de um acordo comercial, de início equivocado, pois não há "lei do inquilinato" na Natureza.

Genética e Espiritismo, "A genética e a vida", Ed. FEB.
De Eurípedes Kühl.

•

Bebê de proveta

Diante do que acima citamos, o "bebê de proveta" arremessa os envolvidos terrenos (geneticistas e pais) na fecundação assistida a graves responsabilidades, porquanto, se dispomos na Terra dos recursos técnicos, falta-nos o componente espiritual que vincula e consolida o processo ao mérito espiritual.

Indispensável bom senso e apoio evangélico.

As mulheres que se tornarem mães por esse processo, provavelmente terão sido aqueles Espíritos que em vidas passadas não tiveram o devido zelo com o dom da maternidade. O atual impedimento, aliado ao desejo ardente de agora ser mãe, além do êxito genético, via proveta, parece indicar que o resgate se cumpriu e que prosperou o ensinamento da valorização da maternidade.

Genética e Espiritismo, "A genética e a vida", Ed. FEB.
De Eurípedes Kühl.

•

Incubadeiras artificiais

As chamadas "incubadeiras artificiais", tal como vaticinava Aldous Huxley no seu já citado *Admirável mundo novo*, suprimiriam a interpenetração fluídica entre gestante e feto, como esclarece o Espírito Emmanuel à questão 32 de *O Consolador*. Pensamos que, se a Ciência conseguir realizar uma gestação em aparelhos (e provavelmente conseguirá), ali estarão presentes tão-somente os dispositivos de leis físicas. Como a reencarnação se dirige do espiritual para o material, o resultado poderá ser aquilo que em *O Livro dos Espíritos* é consignado como *corpo sem alma* (questão 136-b).

O tema é polêmico, mesmo antes de ocorrer.

Genética e Espiritismo, "A genética e a vida", Ed. FEB.
De Eurípedes Kühl.

XI - Cúmplices do aborto

Todos aqueles que induzem ou auxiliam a mulher na eliminação do nascituro possuem também *a sua culpabilidade* no ato criminoso: maridos ou namorados que obrigam as esposas; médicos que estimulam e o realizam; enfermeiras e parteiras inconscientes. Para a justiça humana, não há crime, nem processo, nem punição, na maioria dos casos, mas para a JUSTIÇA DIVINA todos os envolvidos no ato criminoso sofrerão as conseqüências sombrias, imediatas ou a longo prazo, de acordo com o seu grau de culpabilidade. Emmanuel nos esclarece bem isso:

"O aborto oferece conseqüências dolorosas especiais para os pais?

Resposta - Os pais que cooperam nos delitos do aborto, tanto quanto os ginecologistas que o favorecem, vêm a sofrer os resultados da crueldade que praticam, atraindo sobre as próprias cabeças os sofrimentos e os desesperos das próprias vítimas, relegadas por eles aos percalços e sombras da vida espiritual de esferas inferiores".

Sexo e evolução, "Aborto e Justiça Divina", Ed. FEB.
De Walter Barcelos.

•

Vampiro

Eram vinte e uma horas. Ainda não havíamos descansado, senão em momentos de palestra rápida, necessária à solução de problemas espirituais. Aqui, um doente pedia alívio; ali, outro necessitava passes de reconforto. Quando fomos atender a dois enfermos, no Pavilhão 11, escutei gritaria próxima. Fiz instintivo movimento de aproximação, mas Narcisa deteve-me, atenciosa:

— Não prossiga — disse —; localizam-se ali os desequilibrados do sexo. O quadro seria extremamente doloroso para seus olhos. Guarde essa emoção para mais tarde.

Não insisti. Entretanto, fervilhavam-me no cérebro mil interrogações. Abrira-se um mundo novo à minha pesquisa intelectual. Era indispensável recordar o conselho da genitora de Lísias, a cada momento, para não me desviar da obrigação justa.

Logo após às vinte e uma horas, chegou alguém dos fundos do enorme parque. Era um homenzinho de semblante singular, evidenciando a condição de trabalhador humilde. Narcisa recebeu-o com gentileza, perguntando:

— Que há, Justino? Qual é a sua mensagem?

O operário, que integrava o corpo de sentinelas das Câmaras de Retificação, respondeu, aflito:

— Venho participar que uma infeliz mulher está pedindo socorro, no grande portão que dá para os campos de cultura. Creio tenha passado despercebida aos vigilantes das primeiras linhas...

— E por que não a atendeu? — interrogou a enfermeira.

O servidor fez um gesto de escrúpulo e explicou:

— Segundo as ordens que nos regem, não pude fazê-lo, porque a pobrezinha está rodeada de pontos negros.

— Que me diz? — revidou Narcisa, assustada.

— Sim, senhora.

— Então, o caso é muito grave.

Curioso, segui a enfermeira, através do campo enluarado. A distância não era pequena. Lado a lado, via-se o arvoredo tranqüilo do parque muito extenso, agitado pelo vento carinhoso. Havíamos percorrido mais de um quilômetro, quando atingimos a grande cancela a que se referira o trabalhador.

Deparou-se-nos, então, a miserável figura da mulher que implorava socorro do outro lado. Nada vi, senão o vulto da infeliz, coberta de andrajos, rosto horrendo e pernas em chaga viva; mas Narcisa parecia divisar outros detalhes, imperceptíveis ao meu olhar, dado o assombro que estampou na fisionomia, ordinariamente calma.

— Filhos de Deus — bradou a mendiga ao avistar-nos —, dai-me abrigo à alma cansada! Onde está o paraíso dos eleitos, para que eu possa fruir a paz desejada?

Aquela voz lamuriosa sensibilizava-me o coração. Narcisa, por sua vez, mostrava-se comovida, mas falou em tom confidencial:

— Não está vendo os pontos negros?

— Não — respondi.

— Sua visão espiritual ainda não está suficientemente educada.

E, depois de ligeira pausa, continuou:

— Se estivesse em minhas mãos, abriria imediatamente a nossa porta; mas, quando se trata de criaturas nestas condições, nada posso resolver por mim mesma. Preciso recorrer ao vigilante-chefe, em serviço.

Assim dizendo, aproximou-se da infeliz e informou, em tom fraterno:

— Faça o obséquio de esperar alguns minutos.

Voltamos apressadamente ao interior. Pela primeira vez, entrei em contato com o diretor das sentinelas das Câmaras de

Retificação. Narcisa apresentou-me e notificou-lhe a ocorrência. Ele esboçou um gesto significativo e ajuntou:

— Fez muito bem, comunicando-me o fato. Vamos até lá.

Dirigimo-nos os três para o local indicado.

Chegados à cancela, o irmão Paulo, orientador dos vigilantes, examinou atentamente a recém-chegada do umbral, e disse:

— Esta mulher, por enquanto, não pode receber nosso socorro. Trata-se de um dos mais fortes vampiros que tenho visto até hoje. É preciso entregá-la à própria sorte.

Senti-me escandalizado. Não seria faltar aos deveres cristãos abandonar aquela sofredora ao azar do caminho? Narcisa, que me pareceu compartilhar da mesma impressão, adiantou-se suplicante:

— Mas, irmão Paulo, não há um meio de acolhermos essa miserável criatura nas Câmaras?

— Permitir essa providência — esclareceu ele —, seria trair minha função de vigilante.

E indicando a mendiga que esperava a decisão, a gritar impaciente, exclamou para a enfermeira:

— Já notou, Narcisa, alguma coisa além dos pontos negros?

Agora, era minha instrutora de serviço que respondia negativamente.

— Pois vejo mais — respondeu o Vigilante-chefe.

Baixando o tom de voz, recomendou:

— Conte as manchas pretas.

Narcisa fixou o olhar na infeliz e respondeu, após alguns instantes:

— Cinqüenta e oito.

O irmão Paulo, com a paciência dos que sabem esclarecer com amor, explicou:

— Esses pontos escuros representam 58 crianças assassinadas ao nascerem. Em cada mancha, vejo a imagem mental de uma criancinha aniquilada, umas por golpes esmagadores, outras por asfixia. Essa desventurada criatura foi profissional de ginecologia. A pretexto de aliviar consciências alheias, entregava-se a crimes nefandos, explorando a infelicidade de jovens inexperientes. A situação dela é pior que a dos suicidas e homicidas, que, por vezes, apresentam atenuantes de vulto.

Recordei, assombrado, os processos da Medicina, em que muitas vezes enxergara, de perto, a necessidade da eliminação de nascituros para salvar o organismo materno, nas ocasiões perigosas; mas, lendo-me o pensamento, o irmão Paulo acrescentou:

— Não falo aqui de providências legítimas, que constituem aspectos das provações redentoras, refiro-me ao crime de assassinar os que começam a trajetória na experiência terrestre, com o direito sublime da vida.

Demonstrando a sensibilidade das almas nobres, Narcisa rogou:

— Irmão Paulo, também eu já errei muito no passado. Atendamos a esta desventurada. Se me permite, eu lhe dispensarei cuidados especiais.

— Reconheço, minha amiga — respondeu o diretor da vigilância, impressionando pela sinceridade —, que todos somos Espíritos endividados; entretanto, temos a nosso favor o reconhecimento das próprias fraquezas e a boa vontade de resgatar nossos débitos; mas esta criatura, por agora, nada deseja senão perturbar quem trabalha. Os que trazem os sentimentos calejados na hipocrisia emitem forças destrutivas. Para que nos serve aqui um serviço de vigilância?

E, sorrindo expressivamente, exclamou:

— Busquemos a prova.

O Vigilante-chefe aproximou-se, então, da pedinte e perguntou:

— Que deseja a irmã, do nosso concurso fraterno?

— Socorro! socorro! socorro!... — respondeu lacrimosa.

— Mas, minha amiga — ponderou acertadamente —, é preciso sabermos aceitar o sofrimento retificador. Por que razão tantas vezes cortou a vida a entezinhos frágeis, que iam à luta com a permissão de Deus?

Ouvindo-o, inquieta, ela exibiu terrível carantonha de ódio e bradou:

— Quem me atribui essa infâmia? Minha consciência está tranqüila, canalha!... Empreguei a existência auxiliando a maternidade na Terra. Fui caridosa e crente, boa e pura...

— Não é isso que se observa na fotografia viva dos seus pensamentos e atos. Creio que a irmã ainda não recebeu nem mesmo o benefício do remorso. Quando abrir sua alma às bênçãos de Deus, reconhecendo as necessidades próprias, então, volte até aqui.

Irada, respondeu a interlocutora:

— Demônio! Feiticeiro! Sequaz de Satã!... Não voltarei jamais!... Estou esperando o Céu que me prometeram e que espero encontrar.

Assumindo atitude ainda mais firme, falou o Vigilante-chefe com autoridade:

— Faça, então, o favor de retirar-se. Não temos aqui o céu que deseja. Estamos numa casa de trabalho, onde os doentes reconhecem o seu mal e tentam curar-se, junto de servidores de boa vontade.

A mendiga objetou atrevidamente:

— Não lhe pedi remédio, nem serviço. Estou procurando o paraíso, que fiz por merecer praticando boas obras.

E, endereçando-nos dardejante olhar de extrema cólera, perdeu o aspecto de enferma ambulante, retirando-se a passo firme, como quem permanece absolutamente senhor de si.

Acompanhou-a o irmão Paulo com o olhar, durante longos minutos, e, voltando-se para nós, acrescentou:

— Observaram o vampiro? Exibe a condição de criminosa e declara-se inocente; é profundamente má e afirma-se boa e pura; sofre desesperadamente e alega tranqüilidade; criou um inferno para si própria e assevera que está procurando o Céu.

Ante o silêncio com que lhe ouvíamos a lição, o Vigilante-chefe rematou:

— É imprescindível tomar cuidado com as boas ou más aparências. Naturalmente, a infeliz será atendida alhures pela Bondade Divina, mas, por princípio de caridade legítima, na posição em que me encontro, não lhe poderia abrir nossas portas.

Nosso Lar, "Vampiro", Ed. FEB.
De Francisco Cândido Xavier, pelo Espírito André Luiz.

•

AÇÃO DO MUNDO ESPIRITUAL

Certa ocasião, comunicaram-se três Espíritos que tinham uma problemática em relação ao aborto. As comunicações, uma em seguida à outra, eram todas vinculadas ao assunto.

A primeira delas foi a de um médico que, enquanto encarnado, dedicara-se a fazer abortos. Apresentou-se muito perturbado, perseguido por vários Espíritos. Acusava a si mesmo de criminoso e sentia-se aterrorizado com os próprios atos. Estava arrependido — dizia sem cessar — e tinha muito medo dos que o perseguiam.

O segundo comunicante foi uma mulher. Acusava o médico, a quem perseguia, desejosa de vingar-se. Explicou ter morrido em suas mãos, quando este tentava provocar-lhe a interrupção de uma gravidez. Estava atormentada pelo remorso dessa ação e pelo ódio que nutria pelo médico.

Ambos foram esclarecidos e retiraram-se bastante reconfortados.

A terceira entidade era também uma mulher. Veio para apoiar e estimular o nosso trabalho. Já possuía bastante conhecimento sobre a vida espiritual e trabalhava muito, principalmente ajudando a combater a idéia e a prática do aborto. Ela mesma, em sua última existência, havia cometido esse crime, quando da gestação de seu sexto filho. Sendo pobre e lutando com dificuldades de toda ordem, ao engravidar pela sexta vez, desorientou-se e provocou o aborto, do qual se arrependeu imediatamente. Jamais se perdoara e daí para frente sofreu duplamente, carregando o peso do remorso. Teve uma existência longa, de muitas lutas, e desencarnou após prolongada moléstia. No plano espiritual, encontrou-se com aquele que seria o seu sexto filho e teve um grande abalo ao certificar-se de que era um ente muito querido ao seu coração e que iria reencarnar com a finalidade de ajudá-la. Ele a havia perdoado, mas ela, inconformada com o fato, não conseguira até então perdoar a si mesma. Dedicou-se, por isto, ao trabalho de preservação da vida, ao mesmo tempo em que faz parte de um grupo de atendentes (ou enfermeiros), dedicados a socorrer os que praticam esse delito e que jazem no remorso e no desespero. Estava conosco naquela noite, acompanhando vários Espíritos comprometidos por esse mesmo crime.

Foi um belo trabalho, e uma vez mais emocionamo-nos ante as lições maravilhosas que recebemos nas reuniões de desobsessão.

Obsessão e desobsessão, Terceira parte, "Ação do mundo espiritual", Ed. FEB.
De Suely Caldas Schubert.

•

Ainda o grito silencioso

(...) o grito do feto assassinado não é silencioso (...). Ele repercute terrível e profundamente na organização do corpo perispiritual do responsável pelo delito. Isso sem falar das conseqüências de ordem interacional entre *vítima e verdugo*, desde que se considere, com justeza, que feto é apenas a organização somática em formação. O ser que a ele está ligado e do qual é brutalmente separado é Espírito antigo, dotado de sensibilidades e instintos e que mergulhara na carne com autorização de Deus e quase sempre com o assentimento da mãe que, então, o repudia.

(...) reservamo-nos o propósito sincero de emitir um apelo fraternal, que poderia até mesmo ser entendido como dramático se não fosse altamente racional, ao coração de todas as mulheres e à mente responsável de todos os homens: NÃO COGITEM DA LEGALIZAÇÃO DO ABORTO. Poderia ser legal, juridicamente, aos olhos do Espírito subordinado ao grabato carnal, isto é, aos olhos do homem materialista que se julga mortal. Mas ninguém se iluda! Pois a verdade é que o aborto constitui gravíssima infração à Lei Divina que rege a Vida no infinito, pesando consideravelmente sobre o Espírito eterno que é o homem, fora do único elemento mortal que o torna cativo no mundo — o casulo de carne.

Compreendamos todos que ninguém se encontra na Terra para o prazer ou o gozo irresponsáveis dos sentidos. Todos mergulhamos na carne — mais ou menos compulsoriamente — em face de desvios preteritamente ocorridos na errônea utilização do próprio livre-arbítrio. Se alguém pretende matar o filho que lhe honra as entranhas, faça-o em silêncio, como arbítrio seu, comprometendo-se pessoalmente com a Justiça do Criador e sua sabedoria. Mas evite envolver outras pessoas na monstruosidade de seu desamor delituoso. Evite, portanto, aliciar cúmplices. Pois mesmo que o aborto viesse a ser legalizado pelas instituições político-sociais do mundo, jamais seria legitimado pela própria consciência de seus promotores.

Qualquer das criaturas de Deus tem o *direito* de candidatar-se à condição de pedra-de-tropeço ao progresso e à felicidade planetária, mas nunca se desobrigará de sofrer as conseqüências naturais de seus erros, colhendo os resultados da semeadura que haja feito. E encerremos estas modestas considerações sobre o aborto provocado, recordando que o que se forma por ocasião da concepção é o começo de um corpo físico, não o ser espiritual que o vai animar. Este é Espírito em processo permanente de evolução, cumprindo simplesmente a Lei Divina dos renascimentos até alcançar a purificação plena.

Inaldo Lacerda Lima.
Reformador, jun. 1987 (Transcrição parcial).

XII - Reação dos Espíritos vitimados

"Mãezinha... não me mates novamente..."

Lutei, trabalhei, empenhei-me para conseguir a autorização para renascer; e tu te comprometeste comigo; comigo e com Deus...

Quanto me alegrei no dia em que tu, em espírito, ao lado de papai, aceitaste receber-me na intimidade de teu lar. Ansiava esquecer, desejava um novo corpo que me possibilitasse resgatar meus erros do passado. Planejava um futuro de luz. Em verdade, minha vida estaria marcada por provas e testemunhos redentores. Contudo, preparei-me confiando no teu amor. E, no momento em que mais necessitava de ti, me assassinaste...

Por quê, mãezinha? Por quê?

Quando me sentiste no santuário do teu ventre, trocaste de conduta e começaste a torturar-me. Teus pensamentos de revolta que ninguém ouvia, retumbavam em meus ouvidos incipientes, como gritos dilacerantes que me afligiam enormemente. Os cigarros que fumavas me intoxicavam muitas vezes. Teu nervosismo, fruto de tua inconformação, me resultavam em verdadeiras chicotadas.

Quando decidiste abortar, ocorreu uma luta tremenda: tu querendo expulsar-me de teu ventre; e eu lutando por permanecer.

Por que fechastes os ouvidos à voz da consciência que te pedia compaixão e serenidade?

Por que anestesiaste os sentimentos, ao ponto de esqueceres que eu trazia um universo de bênção e de alegria para ti?

Haveria de ser um filho obediente e amoroso. Trazia meios que iam amparar-te nos últimos anos de tua presença na Terra. Todavia, tu não quiseste. Olha as conseqüências: eu atormentado por não poder nascer, e tu enferma, triste e intranqüila. Tua mente castigada pela aflição e teus sonhos povoados de pesadelos.

Por que mãezinha, por que não me deixaste renascer?

"É cedo, ainda", pensaste. "Quero gozar a vida, passear, divertir-me, viajar. Os filhos, só depois."

Todavia, nenhum filho chega no momento inadequado. As leis da vida são sábias e ninguém nasce por acaso.

Porém, pelo grande amor que te tenho, estou pedindo para ti a misericórdia de Deus. Até me atrevi a interceder para que alcances a bênção do reequilíbrio, para que, em futuro próximo, estejamos juntos, eu em teu ventre e tu, como sempre, em meu coração; eu alimentando-me de tua vitalidade, e tu fortalecendo-te na grandeza de meus mais puros sentimentos.

Mãezinha, por favor, não repitas teu ato premeditado.

Quando sentires novamente alguém batendo na porta do teu coração, serei eu, o filho rejeitado, que voltou para viver e ajudar-te a ser feliz.

MÃEZINHA, NÃO TE ESQUEÇAS DE MIM, NÃO ME ABANDONES, NÃO ME EXPULSES, NÃO ME MATES NOVAMENTE, NECESSITO RENASCER.

Mensagem recebida na "Biblioteca del Espíritu", 11 Avenida 10-21, zona 7, Castillo Lara — Guatemala, C. A.

Vibrações de angústias do Espírito reencarnante. Processo obsessivo da mãe criminosa

Observamos que, no processo expiatório do *aborto cruel*, as conseqüências mais infelizes permanecerão sempre com a mulher, quando sua prática nasce de sua única decisão. O *remorso* virá, mais cedo ou mais tarde, cobrando o reajuste. E também as reações psíquicas negativas do Espírito que deveria ser o futuro filho são resultantes quase que naturais, após o extermínio *intra-uterino*. André Luiz assim descreve o estado íntimo do Espírito frustrado em sua reencarnação:

"Isso ocorre não somente porque o remorso se lhe entranhe no ser, à feição de víbora magnética, mas também porque assimilam, inevitavelmente, as vibrações de angústia e de desespero e, por vezes, de revolta e vingança dos Espíritos que a lei lhes reservara para filhos do próprio sangue, na obra de restauração do destino".

Retira-se violentamente o organismo fetal do ventre materno, eliminando a vida física, mas não se consegue destruir o Espírito reencarnante, o qual, muitas vezes, *permanece profundamente arraigado à tessitura perispirítica da frustrada mãe,* provocando *os desequilíbrios mentais e disfunções orgânicas as mais diversas.*

Não podendo extinguir-se a simbiose psíquica com a mesma brevidade com que se elimina a vida em gestação no ventre materno, sua natureza de permuta magnética muda-se totalmente, porque o Espírito reencarnante transforma-se no seu mundo íntimo, que antes era de alegria e esperança, para as *emoções traumatizadas de desapontamento, ódio e vingança*, por não concordar com a destruição de seu organismo em formação. Geralmente são Espíritos sofredores com grandes problemas a enfrentar e resolver, a quem as mães insensíveis, em geral, devem muito em virtude dos compromissos afetivos espezinhados em vidas passadas, e que agora a bênção da reencarnação chama para o reajuste do destino.

É preferível deixá-los reencarnar e ser para nós filhos--problema, trazendo lutas incessantes para o lar, pois os sofrimentos serão muito menores do que se estivessem no mundo espiritual, cultivando perseguição implacável, pelos fios da obsessão atormentadora. Emmanuel no livro *Vida e sexo* nos esclarece:

"Se, porém, quando instalados na Terra, anestesiamos a consciência, expulsando-os de nossa companhia, a pretexto de resguardar o próprio conforto, não lhes podemos prever as reações negativas e, então, muitos dos associados de nossos erros de outras épocas, ontem convertidos, no plano espiritual, em amigos potenciais, à custa das nossas promessas de compreensão e de auxílio, fazem-se hoje — e isso ocorre bastas vezes, em todas as comunidades da Terra — inimigos recalcados que se nos entranham a vida íntima com tal expressão de desencanto e azedume que, a rigor, nos infundem mais sofrimentos e aflição que se estivessem conosco em plena experiência física, na condição de filhos-problema, impondo-nos trabalho e inquietação".

Sexo e evolução, "Aborto e Justiça Divina", Ed. FEB.
De Walter Barcelos.

XIII - Reencarnações em que há reajustes compulsórios
(com suspensão do livre-arbítrio)

A intervenção na memória

— Instrutor, rogo-lhe providências na solução do *caso Jonas*. Recolhemos agora um recado de nossos irmãos, cientificando-nos de que a reencarnação dele talvez seja frustrada em definitivo.[18]

Pela primeira vez, notei que o dirigente da Mansão mostrou intensa preocupação no olhar. Patenteando enorme surpresa, indagou do emissário:

— Em que consiste o obstáculo?

— Cecina, a futura mãezinha, sentindo-lhe os fluidos grosseiros, nega-se a recebê-lo. Estamos presenciando a quarta tentativa de aborto, no terceiro mês de gestação, e vimos fazendo o que é possível por mantê-la na dignidade maternal.

Druso esboçou no semblante um sinal de serena firmeza e acentuou:

— É inútil. A jovem mãe aceitá-lo-á, segundo os compromissos dela própria. Além disso, precisamos da internação de Jonas, no corpo físico, pelo menos durante sete anos terrestres. Tragam Cecina até aqui, ainda hoje, logo se entregue ao sono natural, para que possamos auxiliá-la com a necessária intervenção magnética.

[18] Solicitação feita ao instrutor Druso, diretor da Mansão da Paz — escola de reajuste — destinada a receber Espíritos infelizes ou enfermos, decididos a trabalhar pela própria regeneração. — **Nota da Editora.**

Outros elementos de serviço vinham chegando e, faminto de esclarecimentos, qual me achava, procurei um recanto próximo, em companhia do assistente Silas, a quem crivei de indagações em tom discreto, de modo a não perturbar o recinto.

Quem eram aqueles funcionários? Seria justo que o diretor da casa fosse molestado, assim, com tantas consultas, quando os trabalhos de administração poderiam ser compreensivelmente subdivididos?

O amigo deu-se pressa em elucidar-me, informando que os mensageiros não eram simples tarefeiros, mas condutores de serviço em subchefias determinadas, todos eles assistentes e assessores, cultos e dignos, com enormes responsabilidades, e que somente demandavam a presença de Druso depois de movimentarem todas as providências cabíveis no âmbito da autoridade a eles inerente. O problema não era, pois, de centralização, mas de luta intensiva.

— E aquele caso de reencarnação pendente? — ousei perguntar, respeitoso. — A casa podia opinar com segurança na solução de semelhante assunto?

O interpelado sorriu, benevolente, e respondeu:

— Para que me faça compreendido, convém esclarecer que, se existem reencarnações ligadas aos planos superiores, temos aquelas que se enraízam diretamente nos planos inferiores. Se a penitenciária vigora entre os homens, em função da criminalidade corrente no mundo, o inferno existe, na Espiritualidade, em função da culpa nas consciências. E assim como já podemos contar na esfera carnal com uma justiça sinceramente interessada em auxiliar os delinqüentes na recuperação, através do livramento condicional e das prisões-escolas, organizadas pelas próprias autoridades que dirigem os tribunais humanos em nome das leis, aqui também os representantes do Amor Divino podem mobilizar recursos de misericórdia, beneficiando Espíritos devedores, desde que se mostrem dignos do socorro que lhes abrevie o resgate e a regeneração.

— Quer dizer — exclamei — que, em boa lógica terrena, e utilizando-me de uma linguagem de que usaria um homem na experiência física, há reencarnações em perfeita conexão com os planos infernais...

— Sim. Como não? Valem como preciosas oportunidades de libertação dos círculos tenebrosos. E como tais renascimentos na carne não possuem senão característicos de trabalho expiatório, em muitas ocasiões são empreendimentos planejados e executados daqui mesmo, por benfeitores credenciados para agir e ajudar em nome do Senhor.

— E, nesses casos — aduzi —, o instrutor Druso dispõe da necessária delegação de competência para resolver os problemas dessa espécie?

— Nosso dirigente — falou o amigo prestimoso —, como é razoável, não goza de faculdades ilimitadas e esta instituição é suficientemente ampla para absorver-lhe os maiores cuidados. Entretanto, nos processos reencarnatórios, funciona como autoridade intermediária.

— De que modo?

— Duas vezes por semana reunimo-nos no cenáculo da Mansão e os mensageiros da luz, por instrumentos adequados, deliberam quanto ao assunto, apreciando os processos que a nossa casa lhes apresenta.

— Mensageiros da luz?

— Sim, são prepostos das Inteligências angélicas que não perdem de vista as plagas infernais, porque, ainda que os gênios da sombra não o admitam, as forças do Céu velam pelo inferno que, a rigor, existe para controlar o trabalho regenerativo na Terra.

E, sorrindo:

— Assim como o doente exige remédio, reclamamos a purgação espiritual, a fim de que nos habilitemos para a vida nas esferas superiores. O inferno para a alma que o erigiu em si mesma é aquilo que a forja constitui para o metal: ali ele se apura e se modela convenientemente...

Ação e reação, "A intervenção na memória", Ed. FEB.
De Francisco Cândido Xavier, pelo André Luiz.

•

Irmão Gotuzo

(...) São trabalhos reencarnacionistas de ordem inferior mais difíceis e complexos.[19] (...) Há verdadeira mobilização de inúmeros benfeitores sábios e piedosos, dos planos mais altos, que nos traçam as necessárias diretrizes. Por vezes surgem problemas torturantes no esforço de aproximação e ligação dos interessados ao ambiente em que serão recebidos, de tal modo deploráveis, que muito angustiosas para nós se fazem as situações, sendo imprescindível o concurso de elevado número de obreiros. Segue-se a reencarnação expiatória de inenarráveis padecimentos, pelas vibrações contundentes do ódio e das humilhações punitivas. Na esfera venturosa em que você habita, há institutos para considerar as sugestões da escolha pessoal. O livre-arbítrio, garantidor de créditos naturais, pode solicitar modificações e apresentar exigências justas, mas, aqui, as condições são diferentes... Almas grosseiras e endi-

[19] Explicação sobre como são planejadas as reencarnações nos círculos de Espíritos mais devedores às Leis Divinas. — **Nota da Editora.**

vidadas não podem ser atendidas em suas preferências acerca do próprio futuro, em virtude da ignorância deliberada em que se comprazem, indefinidamente, e, de acordo com aqueles que as tutelam da região superior, são compelidas a aceitar os roteiros estabelecidos pelas autoridades competentes para os seus casos individuais. Por nossa vez, somos executores das providências respectivas e constitui-nos obrigação vencer os mais extensos e escuros obstáculos. Nesses quadros de dor, vemos pais e mães que, instintivamente, repelem a influenciação dos filhinhos, antes do berço, dando pasto a discórdias sem nome, a antagonismos aparentemente injustificáveis, a moléstias indefiníveis, a abortos criminosos. Enquanto isso ocorre, os adversários que reencarnam, em obediência ao trabalho redentor, programado pelos mentores abnegados dessas personagens de dramas sombrios, com longa representação no cenário da existência humana, penetram o campo psíquico dos ex-inimigos e futuros progenitores, impondo-lhes sacrifícios intensos e quase insuportáveis.

Obreiros da vida eterna, "Irmão Gotuzo", Ed. FEB.
De Francisco Cândido Xavier, pelo Espírito André Luiz.

•

Renascer

O transitório esquecimento do passado facilita os recomeços, ensejando mais amplas possibilidades ao entendimento e à cordialidade. Lembrasse-se o Espírito dos motivos da antipatia ou do amor, vincular-se-ia apenas aos seres simpáticos, afastando-se daqueles por quem se sentiu prejudicado, complicando, indefinidamente, a libertação das causas infelizes do fracasso.

Assim, o filho revel retorna na condição de pai, a esposa ultrajada volve como mãe abnegada, o criminoso odiento reinicia ao lado da vítima antiga, o infrator da existência física, autocida, reencarna com as limitações que ocasionou, mediante o atentado perpetrado contra a organização somática. A cerebração mal aplicada redunda em idiotia irreversível e a impiedade, o ultraje, o abuso de qualquer natureza constroem o suplício da miséria, física ou moral, como medida educadora de que necessita o defraudador.

....

Seja qual for a situação em que te encontres, agradece a Deus a atual conjuntura expiatória ou provacional, utilizando-te do tempo com sabedoria e discernimento, de modo a construíres o futuro, desde que o presente se te afigure afligente ou doloroso.

O que hoje possuis vem de ontem, podendo edificar para o amanhã, através do uso que faças das faculdades ao teu alcance.

Qualquer corpo, mesmo quando mutilado ou limitado, assinalado por enfermidades ultrizes e rigorosas, constitui concessão superior que a todos cabe zelar e cultivar, desdobrando recursos e entesourando aquisições, mediante os quais poderá planar logo mais nas regiões felizes, livre dos retornos dolorosos e recomeços difíceis.

Estudos Espíritas, "Renascer", Ed. FEB.
De Divaldo P. Franco, pelo Espírito Joanna de Ângelis.

XIV - Aborto: reabilitação da falta

No reajuste

Ante a queda moral pela prática do aborto não se busca condenar ninguém. O que se pretende é evitar a execução de um grave erro, de conseqüências nefastas, tanto individual como socialmente, como também sua legalização. Como asseverou Jesus: *"Eu também não te condeno; vai e não tornes a pecar"*. (João, 8:11.)

A proposta de recuperação e reajuste que o Espiritismo oferece é de abandonar o culto ao remorso imobilizador, a culpa autodestrutiva e a ilusória busca de amparo na legislação humana, procurando a reparação, mediante reelaboração do conteúdo traumático e novo direcionamento na ação comportamental, o que promoverá a liberação da consciência, através do trabalho no bem, da prática da caridade e da dedicação ao próximo necessitado, capazes de edificar a vida em todas as suas dimensões.

Proteger e dignificar a vida, seja do embrião, seja da mulher, é compromisso de todos os que despertaram para a compreensão maior da existência do ser.

Agindo assim, evitam-se todas as conseqüências infelizes que o aborto desencadeia, mesmo acobertado por uma legalização ilusória. *"O amor cobre a multidão de pecados"*, nos ensina o apóstolo Pedro (I Epístola, 4:8).

"O aborto na visão espírita"
Reformador, fev. 2000.

•

Explicação e arrependimento

1000 — *Já desde esta vida poderemos ir resgatando as nossas faltas?*

"Sim, reparando-as. Mas, não creiais que as resgateis mediante algumas privações pueris, ou distribuindo em esmolas o que possuirdes, depois que morrerdes, quando de nada mais precisais. Deus não dá valor a um arrependimento estéril, sempre fácil e que apenas custa o esforço de bater no peito. A perda de um dedo mínimo, quando se esteja prestando um serviço, apaga mais faltas do que o suplício da carne suportado durante anos, com objetivo exclusivamente *pessoal*."

O Livro dos Espíritos, Parte quarta, "Das penas e gozos futuros", Ed. FEB.
De Allan Kardec.

•

Aborto criminoso

— *Para melhorar a própria situação, que deve fazer a mulher que se reconhece, na atualidade, com dívidas no aborto provocado, antecipando-se, desde agora, no trabalho da sua própria melhoria moral, antes que a próxima existência lhe imponha as aflições regenerativas?*

— Sabemos que é possível renovar o destino todos os dias.

Quem ontem abandonou os próprios filhos pode hoje afeiçoar-se aos filhos alheios, necessitados de carinho e abnegação.

O próprio Evangelho do Senhor, na palavra do apóstolo Pedro, adverte-nos quanto à necessidade de cultivarmos ardente caridade uns para com os outros, porque a caridade cobre a multidão de nossos males.

Evolução em dois mundos, Segunda parte, "Aborto criminoso", Ed. FEB. De Francisco Cândido Xavier e Waldo Vieira, pelo Espírito André Luiz.

•

Perdão

336 — *O culpado arrependido pode receber da Justiça Divina o direito de não passar por determinadas provas?*

— A oportunidade de resgatar a culpa, já constitui, em si mesma, um ato de misericórdia divina, e, daí, o considerarmos o trabalho e o esforço próprio como a luz maravilhosa da vida.

Estendendo, todavia, a questão à generalidade das provas, devemos concluir ainda, com o ensinamento de Jesus, que "o amor cobre a multidão dos pecados", traçando a linha reta da vida para as criaturas e representando a única força que anula as exigências da lei de talião, dentro do Universo infinito.

337 — *"Concilia-te depressa com o teu adversário." — Essa é a palavra do Evangelho, mas se o adversário não estiver de acordo com o bom desejo de fraternidade, como efetuar semelhante conciliação?*

— Cumpra cada qual o seu dever evangélico, buscando o adversário para a reconciliação precisa, olvidando a ofensa recebida. Perseverando a atitude rancorosa daquele, seja a questão esquecida pela fraternidade sincera, porque o propósito de represália, em si mesmo, já constitui uma chaga viva para quantos o conservam no coração.

338 — *Por que teria Jesus aconselhado perdoar "setenta vezes sete"?*

— A Terra é um plano de experiências e resgates por vezes bastante penosos, e aquele que se sinta ofendido por alguém, não deve esquecer que ele próprio pode também errar setenta vezes sete.

339 — *Em se falando de perdão, poderemos ser esclarecidos quanto à natureza do ódio?*

— O ódio pode traduzir-se nas chamadas aversões instintivas, dentro das quais há muito de animalidade, que cada homem alijará de si, com os valores da auto-educação, a fim de que o seu entendimento seja elevado a uma condição superior.

Todavia, na maior parte das vezes, o ódio é o gérmen do amor que foi sufocado e desvirtuado por um coração sem Evangelho. As grandes expressões afetivas convertidas nas paixões desorientadas, sem compreensão legítima do amor sublime, incendeiam-se no íntimo, por vezes, no instante das tempestades morais da vida, deixando atrás de si as expressões amargas do ódio, como carvões que enegrecem a alma.

Só a evangelização do homem espiritual poderá conduzir as criaturas a um plano superior de compreensão, de modo a que jamais as energias afetivas se convertam em forças destruidoras do coração.

340 — *Perdão e esquecimento devem significar a mesma coisa?*

— Para a convenção do mundo, o perdão significa renunciar à vingança, sem que o ofendido precise olvidar plenamente a falta do seu irmão; entretanto, para o Espírito evangelizado, perdão e esquecimento devem caminhar juntos, embora prevaleça para todos os instantes da existência a necessidade de oração e vigilância.

Aliás, a própria lei da reencarnação nos ensina que só o esquecimento do passado pode preparar a alvorada da redenção.

O Consolador, Terceira parte, cap. III "Amor", Ed. FEB.
De Francisco Cândido Xavier, pelo Espírito Emmanuel.

•

Dr. Nathanson — 60 mil abortos, dívida e resgate

Em sua edição 63 (jul./ago./1991), *Tribuna Espírita* publicou um dos mais impressionantes documentários sobre o aborto, traduzido do espanhol pelo nosso companheiro de equipe José Arivaldo Frazão, com o título original "*quiero ser*", de autoria do Dr. Nathanson. Este médico narra de maneira muito realista, fria e chocante, como desencadeou, junto com sua equipe, a grande onda de abortos e "estatísticas" falsas para convencer o povo, nos Estados Unidos e no exterior.

Este médico ginecologista ficou conhecido como o diretor da maior clínica abortiva do mundo. Dos 60.000 abortos realizados sob as suas ordens, no Centro de Educação Sexual, em Nova Iorque, 5.000 foram praticados por ele próprio. Enquanto isso, os órgãos de comunicação faziam eco dos resultados obtidos nas "pesquisas" fraudulentas, influenciando os movimentos feministas e a juventude universitária, que ardiam em suas manifestações. Levada por essa onda, a opinião pública exercia pressão junto ao governo, à magistratura e, principalmente, ao legislativo, objetivando a legalização do aborto.

Em 1968, quando começou, apenas 1% da população apoiava a prática do abortamento; restando, porém, "como convencer 198 milhões de pessoas, num país de 200 milhões de habitantes, para que aceitassem o aborto". Mais "resultados", porém, não tardaram, como este outro: "nos Estados Unidos se praticavam um milhão de abortos clandestinos, quando sabíamos que estes não excediam mil (...); então multiplicávamos por mil, para chamar a atenção dos desprevenidos". Mas os "dados" não paravam por aí, como se vê: "24% da população (...) era partidária do aborto. Três meses mais tarde, dizíamos que o percentual havia aumentado para 50, e assim sucessivamente". O desejo de estar na moda, como a maioria, de "ser pra frente", contagiava os seus compatriotas, frisou o Dr. Nathanson.

Esta foi, em resumo, uma tenebrosa história que acarretou uma imensa *dívida* cármica para os seus participantes. Se as formas como os homens redigem as suas leis e entendem a Moral são falhas, deixemos à Lei Imutável a reação. Acompanhemos o novo Dr. Nathanson em sua nova clínica de vida. Vibremos com o seu testemunho de coragem, amor e *resgate*.

Em setembro de 1972, pediu demissão da famigerada clínica nova-iorquina para assumir, na mesma cidade, o cargo de diretor do Hospital de São Luiz, dando início ao Departamento de Fetologia.

Nas experiências vividas pelo Dr. Nathanson, existem fatos que correspondem, plenamente, às afirmações prestadas em *O Livro dos Espíritos*, de que o arrependimento sincero, a expiação e o resgate podem começar, ainda, no mundo corporal, continuar no espiritual e nas futuras reencarnações, até que seja pago "o último ceitil".

Com a revelação dos dramas que se passaram nos bastidores daquelas tristes cenas, percebe-se, claramente, o começo de um processo de *expiação* coletiva: "muitas esposas de médicos contaram que seus maridos tinham pesadelos e, às noites, gritando, falavam de sangue e de corpos destroçados... Outros bebiam em demasia; alguns tomavam drogas e vários deles tiveram que consultar psicanalistas. Muitas enfermeiras se tornaram alcoólatras, outras abandonaram a clínica, afetadas por sérias perturbações nervosas".

Seu *arrependimento sincero* (alivia mas não absolve... falta a reparação), ele mesmo, humildemente, confessa: "Para mim, aquela foi uma experiência sem precedentes que, no entanto, pesa em meu coração, como uma funesta lápide mortuária". (Lembremos "o espinho na carne", do apóstolo Paulo.)

O *resgate* tem um sentido de reparação do mal, com a prática do bem. O Dr. Nathanson demonstrou isso, desde 1972, na luta incessante que passou a estabelecer contra o aborto, nos Estados Unidos e no mundo, à maneira de uma luz abundante, clara, penetrante, absorvendo as trevas espalhadas por ele próprio. Um novo eco fez-se ouvir, então, nos quatro cantos do mundo: "Pois bem, estudando o feto no interior do útero materno, pude comprovar que é um ser humano com todas as suas características e que lhe devem ser outorgados todos os privilégios e vantagens de que desfrutamos como cidadãos na sociedade. Hoje, com as técnicas modernas, muitas enfermidades podem ser tratadas, no interior do útero, inclusive ser efetuadas até cinqüenta operações cirúrgicas.

São estes argumentos científicos que têm trocado o meu modo de pensar; e este é agora o meu argumento: *se o ser concebido é um paciente que se pode tratar até cirurgicamente, então é uma pessoa; e se é uma pessoa, tem direito à vida e a que nós, médicos e pais, procuremos conservá-la".*

Azamor Cirne.
Reformador, jan. 1995.

•

A história de Celestina

Nossa irmãzinha Celestina, por motivos que a razão não explica, mas que o livre-arbítrio permite, transferiu-se, em Lisboa, para uma casa de raparigas. Iniciou sua "carreira" de atividades equivocadas nos braços de um cavalheiro distinto aos olhos da sociedade, porém distante da moral e da responsabilidade, pelas atitudes que não hesitava em assumir com desamor, leviandade e egoísmo.

De mocinha jovem e bem-disposta, passou a rapariga explorada, escrava de uma profissão da qual é muito difícil desembaraçar-se no curto espaço de uma única encarnação. Outros obstáculos ao retorno à casa paterna, digna e honesta em sua simplicidade e pobreza, se associaram ao comportamento de nossa infortunada menina. Hábitos como depender de bebidas alcoólicas, usar roupas luxuosas, berrantes e espalhafatosas juntaram-se ao erro maior: a prática de abortos, múltiplos e seqüentes, visando manter a atividade escolhida e não cair em desgosto nas preferências de seu algoz disfarçado em benfeitor.

Quando as marcas do tempo se mostraram em seu rosto antes bonito e saudável, Celestina, idosa aos 30 anos de idade, desencarnou em meio a violenta hemoptise, resultante da enfermidade que, à época, era o desfecho deprimente e amargo da vida física de grande número de raparigas portuguesas.

Conduzida a plano espiritual de sofrimento em sintonia com sua situação vibratória ao final dessa etapa de vida, nossa amiguinha viu-se perplexa ante a continuidade da vida após a vida, onde supunha não encontrar mais nada.

Na condição incômoda de desencarnada confusa, sofredora e desequilibrada, descobriu um além-vida pontuado de tropeços e hostilidades.

Todavia, condoída do choro das criancinhas abortadas que se manifestavam como míseras sombras a seu redor, deixou-se envolver por arrependimento sadio e construtivo, conquistando o direito de, através dos caminhos apropriados, retornar ao planeta Terra, vale de lágrimas redentoras e oportunidades de doação.

Insegura quanto à solidez dos propósitos que tão claramente se firmavam em seu coração, solicitou, sincera e humildemente, uma encarnação em corpo inteiramente desprovido de atrativos, que a auxiliasse na tarefa redentora de dedicar-se aos pequeninos abandonados por suas mães ainda ignorantes da Lei Divina, aos primeiros raios de luz de uma nova encarnação.

Renascendo no Rio de Janeiro, num corpo físico inteiramente adequado às intenções de distanciamento de envolvimentos amorosos, nossa querida celestina faz-se freirinha, irmã de caridade, exercendo prestimosa tarefa de abnegação e renúncia na Casa dos Expostos, recolhendo recém-natos deixados na tão conhecida "roda" em seu regaço sequioso de desenvolver a capacidade de doar verdadeiro amor. Foi mãe de muitos e muitos filhinhos, abandonados por sofredoras, dementadas e infelizes criaturas, transeuntes do mundo, mas discípulas revoltadas e relapsas dos mandamentos da Lei Maior.

Imenso foi seu devotamento. Não tinha horários, deixava a noite somar-se ao dia, refeições esquecidas, inteiramente desligada do próprio "eu" e voltada às necessidades de seus queridos tutelados. Os cuidados da nossa boa irmãzinha não possuíam limites em relação a esforço, solidariedade, paciência, múltiplas e incansáveis demonstrações de amor. Enfrentou doenças, epidemias, cansaço físico e exaustão emocional com coragem, dedicação e eficiência.

Chegou ao desencarne durante a gripe espanhola. Doença contraída junto ao leito das criancinhas enfermas, doou-se até a última gota de energia. Ardendo em febre, não abandonou a cabeceira de seus amados doentinhos. Exaurida em suas forças, exalou, num sorriso amoroso, seu derradeiro suspiro.

Abençoado devotamento! Retornou aos círculos da verdadeira vida rodeada de Espíritos amigos e agradecidos serena, e por que não? — muito feliz.

Esclarecida no Evangelho do Cristo, praticante do "ama ao próximo como a ti mesmo", foi conduzida, como de Lei, a plano espiritual em sintonia vibratória com seu grau de merecimento. Desta vez cheio de luz, calor de emoções equilibradas, tranqüilidade e paz, onde conheceu a alegria da certeza de ter cumprido o dever com boa vontade e dedicação.

Agora, novamente chegada pelo desencarne aos círculos da paz laboriosa, habitado por Espíritos ainda muito endividados com as leis de amor, mas já a caminho da regeneração, nossa doce Celestina nos privilegia com sua amável companhia. A nós e aos demais trabalhadores desse local de oportunidades e tarefas construtivas, imerecidamente habitado por esse seu criado.

Retorna Celestina após encarnação como esposa de diplomata português, culto e atencioso, e mãe dedicada de seis filhinhos adotivos, abençoados pela misericórdia do Pai. Conduziu-os com esmero e veneração junto ao companheiro equivocado de outrora, hoje também reequilibrado pelo sofrimento saudável e produtivo aceito com resignação.

De Justino (Espírito).
Mensagem recebida por M. Fonseca, em 31/07/2000.

XV - Para onde são conduzidas as crianças desencarnadas

Preciosa conversação I

Hilário, que acompanhava a conversação com extremo interesse, considerou:[20]

— Antigamente, na Terra, conforme a teologia clássica, supúnhamos que os inocentes, depois da morte, permaneciam recolhidos ao descaso do limbo, sem a glória do Céu e sem o tormento do inferno, e, nos últimos tempos, com as novas concepções do Espiritualismo, acreditávamos que menino desencarnado retomasse, de imediato, a sua personalidade de adulto...

— Em muitas situações, é o que acontece — esclareceu Blandina, afetuosa —; quando o Espírito já alcançou elevada classe evolutiva, assumindo o comando mental de si mesmo, adquire o poder de facilmente desprender-se das imposições da forma, superando as dificuldades da desencarnação prematura. Conhecemos grandes almas que renasceram na Terra por brevíssimo prazo, simplesmente com o objetivo de acordar corações queridos para a aquisição de valores morais, recobrando, logo após o serviço levado a efeito, a respectiva apresentação que lhes era costumeira. Contudo, para a grande maioria das crianças que desencarnam, o caminho não é o mesmo. Almas ainda encarceradas no automatismo inconsciente, acham-se relativamente longe do autogoverno. Jazem conduzidas pela Natureza, à maneira das criancinhas no colo maternal. Não sabem desatar os laços que as aprisionam aos rígidos princípios que orientam o mundo das formas e, por isso, exigem tempo para se renovarem no justo desenvolvi-

[20] Informações dadas pela instrutora Blandina a Hilário e ao próprio autor espiritual. — **Nota da Editora.**

mento. É por esse motivo que não podemos prescindir dos períodos de recuperação para quem se afasta do veículo físico, na fase infantil, de vez que, depois do conflito biológico da reencarnação ou da desencarnação, para quantos se acham nos primeiros degraus da conquista de poder mental, o tempo deve funcionar como elemento indispensável de restauração. E a variação desse tempo dependerá da aplicação pessoal do aprendiz à aquisição de luz interior, através do próprio aperfeiçoamento moral.

Encantáva-nos a exposição clara e simples de nossa interlocutora, cuja palavra tangia com tanta felicidade graves problemas da vida.

....

Comovido, diante das anotações que lhe definiam a valiosa posição cultural, ponderei:

— Usando semelhantes apontamentos, podemos entender, com mais segurança, os processos dolorosos das enfermidades congênitas e das moléstias insidiosas que assaltam a meninice no mundo. Sempre fui possuído de aflitivo assombro, à frente do mongolismo e da epilepsia, da encefalite letárgica e da meningite, da lepra e do câncer, na tenra organização infantil...

....

— A carne, de certo modo, em muitas circunstâncias não é apenas um vaso divino para crescimento de nossas potencialidades, mas também uma espécie de carvão milagroso, absorvendo-nos os tóxicos e resíduos de sombra que trazemos no corpo substancial.

Entre a Terra e o Céu, “Preciosa conversação”, Ed. FEB.
De Francisco Cândido Xavier, pelo Espírito André Luiz.

•

Preciosa conversação II

Blandina, que parecia bastante versada nas questões da infância, associando-se à conversação que Clarêncio desenvolvia, considerou, com interesse:[21]

— Efetivamente, a Lei é invariável, contudo, a criança desencarnada muitas vezes é problema aflitivo. Quase sempre dispõe de afeiçoados que a seguem, de perto, amparando-lhe o destino, entretanto tenho observado milhares de meninos que, pela natureza das provações em que se envolveram, sofrem muitíssimo, à espera de oportunidades favoráveis para a aquisição dos valores de que necessitam.

....

— Poderíamos receber de sua experiência alguns exemplos objetivos? — indagou Hilário, curioso.

— Ah! são muitos!... — ponderou a nossa interlocutora, gentil — temos para demonstração mais prática os absurdos da megalomania intelectual. Há pessoas, na Terra, que não se acautelam contra os desvarios da inteligência e fazem da astúcia e da vaidade o clima em que respiram. Insistem na inércia do coração, abominam o sentimento elevado que interpretam por pieguismo e transformam a cabeça num laboratório de perversão dos valores da vida. Não cuidam senão dos próprios interesses, não amam senão a si mesmos. Não percebem, contudo, que se ressecam interiormente e nem imaginam os resultados cruéis da cerebração para o mal. Freqüentemente, na luta mundana, avultam na condição de dominadores poderosos, com vastíssimo potencial de influência sobre amigos e adversários, conhecidos e desconhecidos. Mas esse êxito é ilusório. Caem sob o guante da morte com grande alívio dos con-

[21] No mesmo livro Blandina presta outros esclarecimentos. — **Nota da Editora.**

temporâneos e passam a receber-lhes as vibrações de repulsa. Semelhantes criaturas naturalmente são vítimas de si mesmas e sofrem os mais complicados desequilíbrios mentais. Depois de períodos mais ou menos longos de purgação, após a transição da morte, voltam à carne, necessitados de silêncio e solidão para se desvencilharem dos envoltórios inferiores em que se enredaram, assim como a semente precisa do isolamento na cova escura para desintegrar os elementos pesados que a constringem, para novo desabrochar.

A moça esboçou inteligente sorriso e continuou:

— Imaginemos que a terra se recusasse a auxiliar as sementes que esperam reviver. O solo expulsá-las-ia, e, em vez dos germes libertados para a vitória da plantação, teríamos tão-somente pevides secas, em aflitiva inquietude, desorientando a lavoura. Em verdade, a maioria das mães é constituída por sublime falange de almas nas mais belas experiências de amor e sacrifício, carinho e renúncia, dispostas a sofrer e a morrer pelo bem-estar dos rebentos que a Providência Divina lhes confiou às mãos ternas e devotadas, contudo, há mulheres cujo coração ainda se encontra em plena sombra. Mais fêmeas que mães, jazem obcecadas pela idéia do prazer e da posse e, despreocupando-se dos filhinhos, lhes favorecem a morte. O infanticídio inconsciente e indireto é largamente praticado no mundo. E como o débito reclama resgate, as delongas na solução dos compromissos assumidos acarretam enormes padecimentos nas criaturas que se submetem aos choques biológicos da reencarnação e vêem prejudicadas as suas esperanças de quitação com a Lei.

Ante a pausa que se fizera natural, inquiri:

— Mas a Lei não traçará princípios inamovíveis? Pretenderá a irmã dizer que uma criança pode desencarnar, fora do dia indicado para a sua libertação?

— Sim, sem dúvida — atalhou o Ministro, que nos escutava —, há um programa estruturado na Espiritualidade para as nossas tarefas humanas, entretanto, pertence-nos a condução dos próprios impulsos dentro delas. Em regra geral, multidões de criaturas cedo se afastam do veículo carnal, atendendo a serviços de socorro e sublimação, mas, em numerosas circunstâncias, a negligência e a irreflexão dos pais são responsáveis pelo fracasso dos filhinhos.

— Aqui — explicou Blandina, delicada —, recebemos muitas solicitações de assistência, a benefício de pequeninos ameaçados de frustração. Temos irmãs que por nutrirem pensamentos infelizes envenenam o leite materno, comprometendo a estabilidade orgânica dos recém-natos; vemos casais que, através de rixas incessantes, projetam raios magnéticos de natureza mortal sobre os filhinhos tenros, arruinando-lhe a saúde, e encontramos mulheres invigilantes que confiam o lar a pessoas ainda animalizadas, que, à cata de satisfações doentias, não se envergonham de ministrar hipnóticos a entezinhos frágeis, que reclamam desvelado carinho... Em algumas ocasiões, conseguimos restabelecer a harmonia, com a recuperação desejável, no entanto, muitas vezes somos constrangidas a assistir ao malogro de nossos melhores propósitos.

— Nesses casos... — interferi, buscando mais esclarecimentos.

Blandina, porém, percebendo-me a indagação íntima, adiantou:

— Nesses casos, ainda e sempre, a Lei é invariável. As provas e tarefas sofrem dilação no tempo, mas serão cumpridas, afinal. Aquilo que não se realiza num século pode efetuar-se em outro. Nossa boa vontade e nossa aplicação aos desígnios divinos podem abreviar qualquer espécie de serviço. Quem persiste na direção do bem, mais cedo atinge a vitória.

E com o formoso sorriso que lhe bailava no semblante juvenil, acrescentou:

— Não vale fugir às responsabilidades, porque o tempo é inflexível e porque o trabalho que nos compete não será transferido a ninguém.

Entre a Terra e o Céu, "Preciosa conversação", Ed. FEB.
De Francisco Cândido Xavier, pelo Espírito André Luiz.

XVI - O dom da vida

Em defesa da vida

Eu me lembro, faz muitos anos. Estava começando a minha clínica e atendia em modesta sala de um prédio antigo, situado na rua Barão de Mesquita, esquina de Araripe Júnior, no Andaraí.

Esse consultório estava localizado no primeiro andar do prédio, e o acesso a este se fazia através de larga e longa escada que levava a um corredor espaçoso onde havia algumas cadeiras. Era ali que, sentados, os doentes aguardavam a vez de ser atendidos. Acontecia freqüentemente que me procuravam pessoas de condição social muito modesta e naquele dia, tendo já subido a escada, quando me dirigia à porta que dava entrada ao consultório, deparei com uma mulher moça, em cujo semblante fechado e sombrio entrevi um caso de grande sofrimento. Não me enganei, pois quando chegou a vez de seu atendimento, pude constatar a grande tempestade que se desencadeara em sua mente. À minha habitual pergunta: "Qual o motivo de tua consulta? O que sentes?" — ela respondeu, quase agressivamente:

— Vim aqui apenas para saber se estou grávida, porque se estiver, eu o mato — o autor desta minha desgraça —, em seguida me atiro debaixo de um bonde e acabo assim com a minha desgraçada vida, evitando também que por mim venha ao mundo outro infeliz.

Diante desta inesperada reação da minha cliente, aproximei-me mais da moça e, abrandando o quanto pude a minha voz, disse-lhe, como médico:

— Para responder, minha filha, à tua pergunta, afirmativa ou negativamente, precisaria proceder a certos exames para os quais o meu consultório de simples clínico geral não está preparado e, além disso, de certos testes realizados na urina, próprios para evidenciar a gravidez.

Ia dizer-lhe que deveria procurar um ginecologista ou ir a um ambulatório da especialidade em algum hospital, quando, lembrando-me da minha condição de espírita, que já era, além de médico, irresistivelmente fui levado a dizer-lhe:

—Mas acalma-te; dize-me o que se passa contigo, o que te aconteceu que te está induzindo a praticar atos de tanta gravidade? Conta-me a verdade; quero ajudar-te.

Ouvi, então, daquela desventurada criatura a história de um mau passo a que fora levada pelo filho de sua patroa, em cuja casa era empregada doméstica. Enleada pelo rapaz, que não nutria por ela qualquer sentimento mais nobre, sendo movido apenas por apetites sensuais, quando surpreendida pela ausência de menstruação no dia certo e nos seguintes, caiu em si do ato praticado de humana fraqueza e começou a preocupar-se. Quis enfrentar a realidade com calma e confiança. Ao manifestar, porém, seus receios ao autor daquela situação, este se mostrou insensível, totalmente desinteressado, dizendo-lhe também que nada tinha a ver com aquilo. Ela que se arranjasse.

Foi quando, então, sabedor desses antecedentes e tendo-me inteirado, após superficial exame, de alguns sintomas significativos que a moça já apresentava, como que movido por uma força superior à minha própria vontade, lhe disse, com um tratamento em que pus o máximo que pude de afetividade:

— Escuta, filha, afirmar não te posso, mas é muito provável que estejas mesmo grávida. Mas, mesmo que o estejas, não vais fazer nada disso que planejaste e acabas de me revelar. E isso porque desde este momento tu vais meditar profundamente sobre as conseqüências de atos que atentariam contra a vida de três criaturas de Deus: esse moço que acusas, tu mesma e um ser em formação, indefeso, mas que já é um ser com pleno direito à vida, dentro das Leis da Natureza, que são Leis de Deus.

E falei-lhe, então, sobre tudo aquilo que pode um espírita dizer a respeito das conseqüências espirituais do homicídio e do suicídio, bem como da desatenção à vida de um indefeso ser em gestação. Por fim, disse-lhe:

— Sabedora agora de tudo isto, o que vais, pois, fazer, isso sim, é levar a termo o fruto desta concepção; ele se tornará um menino e tu o receberás como filho de teu coração; a ele te dedicarás, cercá-lo-ás com teus cuidados e o teu carinho maternal; ele se desenvolverá ao calor do teu amor materno e crescerá. Tu lhe ensinarás a andar — que alegria quando o vires dar seus primeiros passinhos! —, e também lhe ensinarás a falar — ele pronunciará a doce palavra *mamãe*, e tu sorrirás. Educá-lo-ás em casa, primeiro, mas ele se tornará um menino mais crescidinho e o levarás à escola, onde adquirirá novos conhecimentos. Ele se alegrará com tudo isso e te retribuirá com o seu amor filial. Sob tais influxos, da mãe e dos educadores, ao lado de conhecimentos, desenvolverá virtudes. Crescerá mais, tornar-se-á um rapaz, um moço e, enfim, um homem de bem, digno, honesto, capacitado para o trabalho. Será teu arrimo e a alegria de tua vida.

Aquela mulher ouviu, somente. Nada mais disse. Ao despedir-se, porém, o seu semblante era, surpreendentemente, outro; havia nela uma aura de paz e em seus olhos pequeninos luziam duas lágrimas. Saiu e não a vi mais senão quando, alguns meses depois, voltava trazendo nos braços um pequenino ser que agora era — ó Deus de Bondade! — o seu amado filhinho. Contou-me que fizera tudo como lhe havia predito e agora estava feliz com o seu pequenino tesouro. Acompanhei o crescimento e o desenvolvimento dessa criança, tratei todas as enfermidades da sua infância e da sua adolescência. Muitas vezes a visitei, quando febril, na modestíssima casa onde sua mãe morava, nos fundos de uma vila, na rua Gastão Penalva, no Andaraí, mantida por ela através de trabalho honrado e digno. Era, então, o menino Demócrito, nome que lhe dera sua mãe. Esta consagrou-se inteiramente ao filho e conseguiu fazer dele um homem de bem, o qual amparou a sua genitora, suavizando os dias de sua existência. E isto até quando foi ela colher, na Espiritualidade, a compensação que Deus reserva a todos que escutam a sua voz, através da do anjo guardião ou da própria consciência, às vezes, entretanto, despertada por um simples e imperfeito instrumento humano de sua Divina Bondade.

Lauro S. Thiago, *Reformador*, abr. 1994.

•

A maternidade e o amor de Deus

Deus nos deixa com o livre-arbítrio para decidirmos se cometeremos ou não o hediondo crime do aborto, uma vez que somos responsáveis pelos nossos próprios atos. Mas Deus não dá a ninguém o direito de eliminar a vida de um ser que está em formação no organismo materno, pois este direito somente Ele o possui. Quem está patrocinando o renascimento de qualquer criança, antes de tudo, é DEUS.

A maior luz e a maior força de amor na maternidade é a de DEUS.

A organização física e os elementos genésicos femininos e masculinos são criação de DEUS e todo o processo e formação da criança no ventre materno está sob a diretriz de suas Leis. A participação da mulher na maternidade não é absoluta, mas parcial, pois a maior pertence a DEUS. Nossos filhos, antes de tudo, são filhos de DEUS, como esclarece o Espírito Emmanuel:

"A mãe terrestre deve compreender, antes de tudo, que seus filhos, primeiramente, são filhos de DEUS".

Sexo e evolução, "Aborto e Justiça Divina", Ed. FEB.
De Walter Barcelos.

•

Mães solteiras — heroínas desconhecidas

As mães solteiras, com a maternidade fora do casamento, podem sofrer muita incompreensão e dificuldades na criação dos filhos, mas são consideradas verdadeiras heroínas em espírito, por resistirem com coragem às influências sombrias para a prática do aborto impiedoso. Em suas consciências apresenta-se a idéia iluminada de que é preferível sofrer as incompreensões e o abandono dos familiares e do parceiro sexual a praticar o hediondo crime do aborto.

Sexo e evolução, "Aborto e Justiça Divina", Ed. FEB.
De Walter Barcelos.

•

Maternidade

Vemos em cada manifestação da vida determinada meta de desenvolvimento, qual anseio do próprio Deus a concretizar-se.

Na Criação, o clímax da grandeza.

Na caridade, o vértice da virtude.

Na paz, a culminância da luta.

No êxito, a exaltação do ideal.

Nos filhos, a essência do amor.

No lar, a glória da união.

De igual modo, a maternidade é a plenitude do coração feminino que norteia o progresso.

Concepção, gravidez, parto e devoção afetiva representam estações difíceis e belas de um ministério sempre divino.

Láurea celeste na mulher de todas as condições, define o inderrogável recurso à existência humana, reclamando paciência e carinho, renúncia e entendimento.

Maternidade esperada.

Maternidade imprevista.

Maternidade aceita.

Maternidade hostilizada.

Maternidade socorrida.

Maternidade desamparada.

Misto de júbilo e sofrimento, missão e prova, maternidade, em qualquer parte, traduz intercâmbio de amor incomensurável, em que desponta, sublime e sempre novo, o ensejo de burilamento das almas na ascensão dos destinos.

Principais responsáveis por semelhante concessão da Bondade Infinita, as mães guardam as chaves de controle do mundo.

Mães de sábios...

Mães de idiotas...

Mães felizes...

Mães desditosas...

Mães jovens...

Mães experientes...

Mães sadias...

Mães enfermas...

Ao filtro do amor que lhes verte do seio, deve o plano terrestre o despovoamento dos círculos inferiores da vida espiritual, para que o Reino de Deus se erga entre as criaturas.

....

Mães da Terra! Mães anônimas!

Sois vasos eleitos para a luz da reencarnação!

Por maiores se façam os suplícios impostos à vossa frente, não recuseis vosso augusto dever, nem susteis o hálito do filhinho nascente — esperança do Céu a respeitar-vos do peito!...

Não surge o berço de vosso coração por acaso.

Mantende-vos, assim, vigilantes e abnegadas, na certeza de que se muitas vezes cipoais e espinheiros são vossa herança transitória entre os homens, todas vós sereis amparadas e sustentadas pela bênção do Amor Eterno, sempre que marchardes fiéis à excelsa paternidade da Providência Divina.

O Espírito da Verdade, "Maternidade", Ed. FEB.
De Francisco Cândido Xavier, pelo Espírito André Luiz.

•

A legalização do aborto

Nos países onde o aborto está legalizado, cuida-se somente dos interesses egoísticos da mulher, pois somente vêem inconvenientes graves na prática do aborto, quando este é feito com deficiências, distante da assistência médica especializada, colocando em risco a saúde e a vida da mulher criminosa.

A extração do embrião, desde que com toda a assistência médico-hospitalar e segurança jurídica, não constitui crime nos países que legalizaram o aborto e é um direito inalienável da mulher, se assim o desejar. Essas idéias infelizes estão dominando o mundo. Isso também é loucura, é desequilíbrio, é barbárie.

Para combater-se a proliferação do aborto irresponsável, não bastam simplesmente as campanhas poderosas da publicidade "contra", o que atuam apenas na superfície, pois a causa maior é a ausência de religiosidade sincera no coração das criaturas.

As idéias materialistas estão dominando as pessoas invigilantes, que ignoram quase completamente os princípios superiores que regem a vida, em todo o Universo.

Há necessidade primeiramente de mostrar às mulheres desorientadas que há um Espírito no feto e que este não é somente vida vegetativa sobre a qual julgam erroneamente terem posse absoluta.

Sexo e evolução, "Aborto e Justiça Divina", Ed. FEB.
De Walter Barcelos.

•

Surpresa

— Se alguém de outra vida pudesse materializar-se aos meus olhos — dizia Germano Parreira, em plena sessão no próprio lar —, decerto que a minha fé seria maior... Um ser de outro planeta que me obrigasse a pensar... Tanta gente se reporta a visões dessa natureza! Entretanto, semelhantes aparições não passam do cérebro doentio que as imagina. Quero algo de evidente e palpável. Creio estarmos no tempo da elucidação positiva...

Ouvindo-o, o irmão Bernardo, mentor espiritual da reunião, que senhoreava as energias mediúnicas, aventou, sorridente:

— Você deseja, então, espetacular manifestação de cima... Alguém que caia das nuvens à feição de um pára-quedista do Espaço, em trajes fantasmagóricos, usando idioma incompreensível... um itinerante de outras constelações, cuja inopinada presença talvez ocasionasse enorme porção de mal, ao invés do bem que deveria trazer...

— Não, não é tanta a exigência — aduziu Parreira, desapontado. — Bastaria um ser materializado na forma humana, sem a descida visível do firmamento. Não será preciso que essa ou aquela entidade se converta em bólide para acentuar-me a convicção. Poderia surgir em nossa intimidade doméstica, sem qualquer passe de mágica, revelando-se no lar fechado em que antes não existia, a mostrar-se igual a nós outros, sendo, contudo, estranho ao nosso conhecimento...

— No entanto, sabe você que toda concessão envolve deveres justos. Um Espírito, para materializar-se na Terra, solicita meios e condições. Imaginemos que a iniciativa transformasse o hóspede suspirado numa criatura doente e débil, requisitando cuidado, até que pudesse exprimir-se com segurança. Incumbir-se-ia você de auxiliar o estrangeiro, acalentando-o com tolerância e bondade, até que venha a revelar-se de todo? Estaria disposto a sofrer-lhe as reclamações e as necessidades, até que se externe, robusto e forte?

— Oh! isso mesmo. Perfeitamente!... — gritou Parreira, maravilhado. — Contemplar um Espírito assim, de modo insofismável, sem que eu lhe explique a existência no mecanismo oculto, consolidaria, sem dúvida, a riqueza de minha fé na imortalidade. Isso é tudo quanto peço, tudo, tudo...

Bernado sorriu, filosoficamente, e acrescentou:

— Mas, Parreira, isso é acontecimento de todo dia e tal manifestação é recente sob o teto que nos acolhe. Ainda agora, na quinzena passada, você recebeu semelhante bênção, asilando no próprio lar um viajante de outras esferas, com a obrigação de ajudá-lo até que se enuncie sem vacilação de qualquer espécie... Esse gênio bondoso e amigo corporificou-se quase em seus braços. Bateu-lhe à porta, que você abriu generosamente. Entrou. Descansou. Permaneceu. E, ainda agora, ligado a você, espera por seu carinho e devotamento, a fim de atender plenamente à própria tarefa...

— Como assim? como assim? — irrompeu Germano, incrédulo. — Nada vi, nada sei, não pode ser...

Mas o Benfeitor Espiritual, controlando o médium, ergueu-se a passo firme e, demandando aposento próximo, de lá regressou, trazendo leve fardo.

Ante a surpresa dos circunstantes, Bernardo depositou-o com respeitosa ternura no regaço do amigo que ainda argumentava.

Parreira desenovelou curiosamente o pequenino volume e, entre aflito e espantado, encontrou, em plácido sono de recém-nato, o corpo miúdo e quente do próprio filho...

Contos desta e doutra vida, "Surpresa", Ed. FEB.
De Francisco Cândido Xavier, pelo Espírito Irmão X.

XVII - O que diz a Doutrina Espírita sobre o aborto

Manifesto espírita sobre o aborto

O Movimento Espírita brasileiro, representado pelo Conselho Federativo Nacional da Federação Espírita Brasileira, que congrega 27 Federações e Uniões espíritas estaduais e três entidades especializadas de âmbito nacional, vem, por meio deste manifesto, declarar a posição da Doutrina Espírita diante da problemática do aborto.

Quando começam os direitos da pessoa?

Para o Espiritismo, a existência de um princípio espiritual ligado ao corpo desde o momento da concepção não é mero artigo de fé. Trata-se de evidência comprovada pela observação — embora a chamada Ciência oficial ainda não tenha reconhecido tal evidência. Relatos de pessoas, em estado de hipnose ou em lembranças espontâneas, mesmo de crianças, que retratam passagens de outras vidas e da época em que o ser ainda se encontrava no ventre materno, revelam uma consciência preexistente ao corpo. Essas evidências (...) confirmam a posição da Doutrina Espírita, em *O Livro dos Espíritos* (questão 344):

"Em que momento a alma se une ao corpo?

'A união começa na concepção, mas só é completa por ocasião do nascimento. Desde o instante da concepção, o Espírito designado para habitar certo corpo a este se liga por um laço fluídico, que cada vez mais se vai apertando até ao instante em que a criança vê a luz (...).'"

Desse modo, o ser que se desenvolve no ventre materno a partir da fecundação do óvulo já é uma pessoa — sujeito de direitos — constituída de corpo e alma.

Felizmente, a Constituição Brasileira e o Código Civil são, neste ponto, coerentes com a formação espiritualista do povo brasileiro (incluindo católicos, protestantes, espíritas e outras denominações que constituem, no seu conjunto, a maioria da nossa população). O artigo 5º da Constituição assegura "a inviolabilidade do direito à vida", elegendo assim tal direito como princípio absoluto, não passível de relativização. E o artigo 4º do Código Civil afirma que "a personalidade civil do homem começa pelo nascimento com vida, mas a lei põe a salvo, desde a concepção, os direitos do nascituro". Reconhece-se, desse modo, que o nascituro já é uma pessoa, sujeito de direitos, o que está de acordo com todas as concepções espiritualistas acima citadas.

A lei e o aborto

O Código Penal de 1940, em seu artigo 128, diz o seguinte: "não se pune o aborto se não há outro meio de salvar a vida da gestante e/ou se a gravidez resulta de estupro". Em vista disto, os parlamentares elaboraram o projeto de lei 20/91, que regulamenta o seu atendimento na rede pública de saúde. Esse projeto, aprovado recentemente pela Comissão de Constituição e Justiça da Câmara dos Deputados, na prática, é uma reafirmação do artigo 128 do Código Penal, garantindo às mulheres o efetivo exercício de um direito.

E há outros projetos que propõem a completa discriminalização do aborto.

Mas, diante do princípio absoluto do direito à vida, garantido pela Constituição e partilhado pelo Espiritismo, não se pode admitir qualquer relativização ou condicionamento deste direito.

Segundo *O Livro dos Espíritos,* questão 358:

"Constitui crime a provocação do aborto, em qualquer período da gestação?

'Há crime sempre que transgredis a Lei de Deus. Uma mãe, ou quem quer seja, cometerá crime sempre que tirar a vida a uma criança antes do seu nascimento, por isso que impede uma alma de passar pelas provas a que serviria de instrumento o corpo que se estava formando.'"

A vida da mãe em risco

No caso de risco de vida da mãe — único aborto aceito pela Doutrina Espírita — existem duas vidas em confronto e é necessário escolher entre o direito de dois sujeitos. Assim reza *O Livro dos Espíritos*, questão 359:

"Dado o caso que o nascimento da criança pusesse em perigo a vida da mãe dela, haverá crime em sacrificar-se a primeira para salvar a segunda?

'Preferível é se sacrifique o ser que ainda não existe a sacrificar-se o que já existe.'" (Entende-se que o ser referido seja o ser encarnado no mundo, após nascimento).

O estupro

No caso do estupro, quando a mulher não se sinta com estrutura psicológica para criar o filho, a Lei deveria facilitar e estimular a adoção da criança nascida, em vez de promover a sua morte legal. Sobrepõe-se o direito à vida ao conforto psicológico da mãe.

O Espiritismo, considerando o lado transcendente das situações humanas, estimula a mãe a levar adiante a gravidez e até mesmo a criação daquele filho, superando o trauma do estupro, porque aquele Espírito reencarnante terá possivelmente um compromisso passado com a genitora.

O aborto eugênico

Embora não regulamentado por Lei, o aborto eugênico (feto portador de malformação congênita irreversível) também vem sendo praticado no Brasil, já abrindo caminho para a sua legalização. Também neste caso não se poderia admitir infração ao direito à vida, sendo dever de todo cidadão, partidário deste princípio, opor-se a esta prática, apenas aceitável em sociedades impregnadas de filosofias eugênicas, tal como Esparta antiga ou a Alemanha nazista, mas incompatível com uma sociedade majoritariamente cristã.

O Espiritismo se manifesta especificamente sobre o assunto, alertando que o Espírito, antes de reencarnar, escolhe esta ou aquela prova (o nascimento em corpo defeituoso ou mesmo a morte logo após o parto), como oportunidade de aprendizado e resgate de erros cometidos no passado.

O direito de escolha da mulher

Invoca-se o direito da mulher sobre o seu próprio corpo como argumento para a discriminalização do aborto. Mas o corpo em questão não é mais o da mulher, visto que ela abriga durante a gravidez um outro corpo, que não é de forma alguma uma extensão do seu. O seu direito à escolha precede o ato da concepção e se subordina ao direito absoluto à vida.

O Espiritismo, admitindo a presença de um Espírito reencarnante no nascituro, considera que a mulher não pode lhe negar o direito à vida.

Conclusão

É inadmissível que pequeníssima parcela da população brasileira, constituída por alguns intelectuais, políticos e profissionais dos meios de comunicação e embebida de princípios materialistas e relativistas, venha a exercer tamanha influência na legislação brasileira, em oposição à vontade e às concepções da maioria do povo e contrariando a própria Carta Magna de 1988. O direito à vida não pode ser relativizado, sob pena de caminharmos para a barbárie e para a quebra de todos os princípios que têm orientado a nossa cultura cristã. Em que pesem as pretensões daqueles que querem conduzir a opinião pública, desviando-a de suas verdadeiras aspirações, o povo brasileiro continua, em sua maioria, cristão (seja esse Cristianismo manifestado na forma católica, protestante, espírita ou outra), adepto da existência de um princípio espiritual no homem e portanto defensor da vida humana, como direito inalienável. O nascituro não é uma máquina de carne que pode ser desligada de acordo com interesses circunstanciais, mas um ser humano com direito à proteção, no lugar mais sagrado e inviolável que a natureza criou: o ventre materno.

Reformador, dez. 1998.

•

O DIREITO À VIDA

O *direito à vida* é amplo, irrestrito, sagrado em si e consagrado mundialmente. No que tange ao direito brasileiro, a "inviolabilidade do direito à vida" acha-se prevista na Constituição Federal (artigo 5º *caput*), o primeiro entre os direitos individuais, quando essa lei básica, com ênfase, dispõe sobre os direitos e garantias fundamentais.

O ser humano, como *sujeito de direito* no ordenamento jurídico brasileiro, existe *desde a sua concepção*, ainda no ventre materno. Essa afirmativa é válida porque a Ciência e a prática médica, hoje, não têm dúvida alguma de que a criança existe desde quando fecundado o óvulo pelo espermatozóide, iniciando-se, aí, o seu desenvolvimento físico. Tanto correta é essa afirmativa que, no ordenamento jurídico brasileiro, há a previsão legal de que "a personalidade civil do homem começa pelo nascimento com vida, mas a *lei põe a salvo, desde a concepção, os direitos do nascituro*" (artigo 4º do Código Civil — grifou-se). Entre esses direitos está, além daqueles que ostentem caráter meramente econômico ou financeiro, o primeiro e o mais importante deles, vale dizer, *o direito à vida*.

Surge, aqui, uma conclusão: a de que a determinação de respeito aos direitos do nascituro acentua a necessidade legal, ética e moral de existir maior e *quase absoluta* limitação da prática do abortamento. Uma exceção, apenas, há: quando for constatado, efetivamente, risco de vida à gestante.

Essa limitação *quase absoluta* da permissibilidade do abortamento, com a exclusão da responsabilidade tão-somente no caso do inciso I do artigo 128 do atual Código Penal (risco de vida à gestante), afasta, moralmente, a possibilidade do abortamento em virtude do estupro (constrangimento da mulher à conjunção carnal, mediante violência ou grave ameaça), embora permitido no inciso II do dispositivo legal em tela. Isso porque, analisando-se o fato à luz da razão e deixando de lado, por ora, os reflexos do ato na gestante, *estar-se-ia executando autêntica pena de morte em um ser inocente*, condenado sem que tivesse praticado qualquer crime e — o que se afigura pior e cruel —, sem que se lhe facultasse o direito de defender-se, direito esse conferido, legalmente e com justiça, até àqueles acusados dos crimes mais hediondos.

Eis a razão do grito de repúdio às propostas de alteração do Código Penal pátrio e, conseqüentemente, do alerta *em defesa da vida*, já que, no caso do abortamento, o destinatário do direito a ela se acha impossibilitado de exercê-lo. E mais, penalizam-se duas vítimas: a mãe que se submeterá ao abortamento, cuja prática pode gerar conseqüências físicas indesejáveis, além das de ordem psicológica, e o filho, cuja vida é interrompida, enquanto que o agressor, muitas vezes, remanesce impune, dadas as dificuldades que ocorrem, geralmente, na apuração da autoria do crime cometido.

Diante dessa situação, deve ser *preservada a vida da criança* como dádiva divina que é, não obstante as circunstâncias que envolveram a sua concepção. Se, contudo, a mãe não se sentir com estrutura psicológica para aceitar um filho resultante de um ato sexual indesejado, a atitude que se afigura correta e justa é que se promova sua adoção por outrem, oferecendo-se a ele um lar onde possa ser criado e educado, enquanto é desenvolvido trabalho para reequilíbrio da mãe, com a superação (ainda que lenta e dolorosamente, mas saudável para seu crescimento moral, social e espiritual) dos efeitos nocivos do crime de que foi vítima. Não será, evidentemente, *o sacrifício de um ser sem culpa*, que desabrocha para a vida, que resolverá eventuais traumas da infeliz mãe, sem falar na possibilidade de sofrer ela as conseqüências físicas e psicológicas já referidas, além do reflexo negativo de natureza espiritual.

Há necessidade urgente de que se tenha consciência do crime que se pratica quando se interrompe o curso da vida de um ser. Não importa se, como no caso, esse curso esteja em sua fase inicial. Não se pode, conscientemente, acobertá-lo com o manto de questionável "legalidade".

Cabe a cada um de nós amar a vida e dignificá-la, tanto quanto cabe aos homens públicos e, principalmente, aos legisladores e governantes criar as condições necessárias para que o respeito à vida e aos direitos humanos (inclusive do nascituro), a solidariedade e a ajuda recíproca sejam não só enunciados, mas praticados efetivamente, certos, todos, de que, independentemente da convicção religiosa ou doutrinária de cada um, não há dúvida de que somos seres criados por Deus, cujas Leis, entre elas, a maior, a Lei do Amor, regem nossos destinos.

Espera-se que, como resultado deste alerta que o quadro social está a sugerir, possa ser vislumbrada a gravidade contida nas alterações legislativas propostas. É urgente e necessário que todas as consciências responsáveis visualizem, compreendam e valorizem o cerne do problema em questão — *o direito à vida* —, somando-se, em conseqüência, àqueles muitos que, em todos os segmentos da sociedade, o defendem intransigentemente.

A análise e as conclusões aqui expostas, como decorrência lógica do pensamento espírita-cristão sobre o aborto, representam contribuição à ética, à moral e ao direito do ser humano à vida. Não há, no contexto desta mensagem, a pretensão de que todos que a lerem aceitem os princípios do Espiritismo. Espera-se, todavia, confiantemente, que haja maior reflexão sobre tão importante assunto, notadamente ante a observação de que conquistas científicas e médicas atuais, comprovando de forma irrefutável a existência de um ser desde a concepção com direito à vida, oferecem esclarecimentos e razões que orientam para que se evite qualquer ação, cujo significado leve à agressão à vida do ser em formação no útero materno. Afigura-se, assim, de suma importância qualquer manifestação de repúdio aos propósitos da alteração legislativa referida. Esse o objetivo desta mensagem.

Enquanto nós, os homens, cidadãos e governantes, não aprendermos a demonstrar amor sincero e acolhimento digno aos seres que, de forma inocente e pura, buscam integrar o quadro social da Humanidade, construindo, com este gesto de amor, desde o início, as bases de um relacionamento realmente fraternal, não há como se pretender a criação de um ambiente de paz e solidariedade tão ansiosamente esperado em nosso mundo.

Não há como se pretender que crianças, jovens e adultos não sejam agressivos, se nós os ensinamos com o nosso comportamento, logo de início, e até legalmente, a serem tratados com desamor e com violência.

Amor à vida! Aborto, não!

"O aborto na visão espírita"
Reformador, fev. 2000.

•

"Estejamos unidos na defesa da vida..."[22]

Meus filhos!

Que Jesus nos abençoe!

A vida, sob qualquer aspecto considerada, é dádiva de Deus que ninguém pode perturbar. Todos os seres sencientes desenvolvem um programa na escala da evolução demandando a plenitude, a perfeição que lhes é a meta final.

Preservar a vida, em todas as suas expressões, é dever inalienável que assume a consciência humana no próprio desenvolvimento da sua evolução.

Quando alguém levanta a clava para interromper propositalmente o ciclo da vida, faz-se um novo Caim, jogando sobre si mesmo a condenação da consciência de culpa e experimentando, no remorso, hoje ou mais tarde, a necessidade de depurar-se, reabilitando-se, ao nadar nos rios das lágrimas.

Por isso, os espíritas-cristãos, compreendendo o alto significado da vida, levantam-se para defendê-la onde quer que se apresente e, em especial, a vida humana — estágio avançado do processo de iluminação do Ser, na busca da sua consciência plena e cósmica.

Inspirados pelo mundo espiritual superior, os obreiros do Cristo se erguem hoje para proclamar, não só o direito à vida dos que estão em germe e têm o direito de nascer, como dos que se despedem do corpo e têm o direito a permanecer, até o último hausto, no organismo em processo prévio de degeneração, como também do delinqüente revel, que se pode arrepender e tornar-se instrumento útil à comunidade que agrediu, ou do atormentado mental, espiritual e moral que, sem resistência

[22] Mensagem psicofônica recebida pelo médium Divaldo Pereira Franco no encerramento da reunião do Conselho Federativo Nacional, em 7-11-1993 — Brasília, DF.

para enfrentar a luta, opta pela falsa solução do autocídio, mergulhando no insondável abismo de sombras e de dor.

Não apenas defender esse direito à vida, como também respeitar todas as vidas, como se apresentem, onde quer que estejam, é tarefa primordial do Espiritismo, que pode ser considerado uma usina de poderosa força e, se por acaso, não realiza a operação transformadora dos seus membros, influindo no comportamento da sociedade, converte-se em uma potência, deixada à margem, que perdeu a finalidade de produzir energia para a utilidade a que se destina.

Por isso, o Espiritismo tem como objetivo primeiro a transformação moral do homem, e se esta não se dá, a mensagem pode ser comparada a uma lâmpada abençoada que, lamentavelmente, se encontra com a luz interrompida.

Dessa transformação moral, intransferível, individual, saem os outros objetivos que vão atender às necessidades coletivas, mudando as paisagens terrestres e convidando a criatura à construção real do mundo pleno que em breve defrontaremos.

E onde estarão as energias necessárias para esse cometimento, senão no lar, nessa sociedade miniaturizada onde se caldeiam sentimentos, onde se lapidam arestas e, muitas vezes, como buril, se retiram a jaça, as anfractuosidades, limando-se a aspereza para que o brilho da luz interior possa alcançar a superfície e expandir-se?!

A família é a base da sociedade, que não pode ficar relegada a plano secundário. Viver em família com elevação e dignidade, é valorização da vida, na oportunidade que Deus concede ao Espírito para crescer e atingir as culminâncias a que está destinado.

É verdade que muitos obstáculos se levantam, gerando dificuldade para ambos os cometimentos.

Quem, por acaso, atravessará as águas de um rio duas vezes nas mesmas águas?

Enfrentar tais obstáculos é a decisão do cristão renovado, que encontrou em Jesus a força poderosa, que Ele usou quando quis implantar o seu Reino de amor e de justiça na sua época, guardadas as proporções, semelhante a esta época.

Se os companheiros se revestirem de valor moral para combaterem o erro, pela sua atitude de coerência espírita-cristã, pela sua conduta eminentemente evangélica, lentamente, os espaços perdidos serão recuperados e será erguido na Terra o Reino de Trabalho, de Fraternidade e de Amor.

Meus filhos, há muitas sombras, porque o bem apresenta-se com timidez, cedendo espaço ao mal, que alarga os seus domínios pelo atrevimento de que se reveste.

Por isso mesmo, espírita seja a nossa definição.

Se necessário for perder as pobres moedas de César para preservar a inteireza do conteúdo da mensagem, confiemos em Deus, o Supremo Doador, que nunca nos deixou órfãos e jamais nos deixará ao abandono.

O Espiritismo liberta-nos da ignorância e propicia-nos, pelas lições luminíferas da caridade, a ação social, na assistência e no serviço de socorro. Negar a procedência da inspiração, para conivir com os métodos arbitrários e injustos da política terrestre, é o mesmo que ceder ante as paixões de César, como árbitro dos destinos, embora sem controle sobre as vidas, significaria abjurar o nome de Jesus — que é a bandeira das nossas obras sociais —, para estar de braços dados com o poder temporal, recebendo-lhe o auxílio e apoiando-lhe as arbitrariedades.

Jesus disse que no mundo somente teríamos aflições.

Não será lícito, portanto, esperarmos outra resposta, senão a da dificuldade.

Graças à Lei Soberana, que é a Lei Natural, a Lei de Amor, lutemos junto às autoridades competentes para falarmos do nosso apostolado e pedirmos respeito às ações renovadoras da sociedade que vimos desenvolvendo em nome da caridade.

Não temamos nunca! Estejamos unidos na defesa da vida em uma família espiritual digna, suportando reveses e incompreensões. Ser espírita hoje é o mesmo que ter sido cristão ontem.

Quantas vezes veremos as nossas melhores palavras adulteradas e voltadas contra nós?

Em outras oportunidades, enfrentaremos os desafios da urdidura da calúnia, da malversação de valores e das acusações indébitas; em novos ensejos, defrontaremos problemas íntimos, no santuário doméstico, ralando-nos o coração e, mais adiante, sofreremos a insidiosa interferência dos que se comprazem na preservação deste estado de coisas, atormentados na erraticidade inferior, ferindo as fibras mais íntimas do nosso sentimento.

Não terá sido por outra razão que o Mestre nos recomendou o amor — amor sempre — e a oração, meus filhos!

A oração é o elixir de longa vida que nos proporciona os recursos para preservar os valores de edificação, perseverando no trabalho iluminativo. E o amor indiscriminado, a todos, mesmo aos inimigos — o que não quer dizer anuência com os seus despropósitos —, é impositivo de emergência para lograrmos a paz.

Como é verdade que os seus discípulos nos faremos conhecidos por muito amar, não menos verdade é que este amor — que se inicia em nós —, deve expandir-se até eles, todos eles, os que nos criam embaraços e dificuldades, que nos ameaçam e nos provocam lágrimas, em ambos os planos da vida.

No mais é confiar em Jesus.

Quando aceitamos o ministério do Cristianismo Restaurado, assinamos o propósito de servir com abnegação até o fim.

Temos logrado êxito; vencemos os primeiros embates; superamos as dificuldades maiores antes da decisão. Necessitamos, agora, valorizar a nossa vida — vós, no carro da matéria, e nós outros, na experiência libertada do corpo —, para chegarmos à meta final, cantando um hino ao vencedor que, aparentemente vencido, foi plantado na cruz, e cuja aparente derrota estava simbolizada na vitória de encontrar-se como "Hífen de Luz" entre os homens propínquos e Deus, no calvário, onde se uniram todas as forças do mal para o sacrifício do Cordeiro.

Meus filhos, estes são os dias chegados. Tende ânimo, preservai a coragem, sede fiéis, valorizando a vida e vivendo em família com elevação, para implantardes na Terra a família ideal, cujos membros, vinculados ao Reino de Deus, sejam realmente irmãos.

Que o Senhor nos abençoe!

São essas as palavras dos trabalhadores do mais além que por nosso intermédio fazem-nas chegar às vossas mentes e aos vossos corações.

Com o carinho paternal de sempre, o servidor humílimo.

BEZERRA

Bezerra de Menezes (Espírito), *Reformador*, dez. 1993.

Referências bibliográficas

1. KARDEC, Allan

O Livro dos Espíritos (80ª ed., FEB, 1998).

O Evangelho segundo o Espiritismo (116ª ed., FEB, 1994).

2. XAVIER, Francisco Cândido (médium psicógrafo)

Pelo Espírito Emmanuel:

O Consolador (21ª ed., FEB, 1999).

Vida e sexo (20ª ed., FEB, 2000).

Religião dos Espíritos (13ª ed., FEB, 2000).

Pensamento e vida (11ª ed., FEB, 2000).

Pão Nosso (19ª ed., FEB, 2000).

Fonte Viva (24ª ed., FEB, 2000).

Caminho, verdade e vida (19ª ed., FEB, 2000).

Vinha de luz (15ª ed., FEB, 1998).

Rumo Certo (6ª ed., FEB, 1996).

Palavras de Emmanuel (7ª ed., FEB, 1996).

Pelo Espírito André Luiz:

Nosso Lar (49ª ed., FEB, 1999).

Ação e reação (20ª ed., FEB, 2000).

**Sexo e destino* (23ª ed., FEB, 2000).

E a vida continua... (25ª ed., FEB, 2000).

Missionários da luz (33ª ed., FEB, 2000).

No Mundo Maior (21ª ed., FEB, 2000).

Obreiros da vida eterna (24ª ed., FEB, 2000).

Nos domínios da mediunidade (27ª ed., FEB, 2000).

**Evolução em dois mundos* (18ª ed., FEB, 1999).

Entre a Terra e o Céu (17ª ed., FEB, 1997).

Pelo Espírito Irmão X (Humberto de Campos):

Contos desta e doutra vida (10ª ed., FEB, 1995).

Contos e apólogos (9ª ed., FEB, 2000).

Luz Acima (8ª ed., FEB, 1993).

Pelo Espírito Hilário Silva:
**A vida escreve* (8ª ed., FEB, 1997).
**Almas em desfile* (9ª ed., FEB, 1998).

Por Espíritos diversos:
**Antologia dos imortais* (3ª ed., FEB, 1990).
Pérolas do Além (5ª ed., FEB, 1992).
**O Espírito da Verdade* (12ª ed., FEB, 2000).
Luz no lar (8ª ed., FEB, 1997).
Obs.: Os títulos assinalados com (*) foram psicografados com VIEIRA, Waldo.

3. **PERALVA, Martins**
   O pensamento de Emmanuel (6ª ed., FEB, 1999).
   Estudando a mediunidade (20ª ed., FEB, 1998).

4. **CALLIGARIS, Rodolfo**
   As leis morais (8ª ed., FEB, 1998).

5. **SCHUBERT, Suely Caldas**
   Obsessão/Desobsessão (14ª ed., FEB, 2000).

6. **SOUZA, Dalva Silva**
   Os caminhos do amor (2ª ed., FEB, 1997).

7. **SOUZA, Juvanir Borges de**
   Tempo de renovação (2ª ed., FEB, 1998).

8. **BARCELOS, Walter**
   Sexo e evolução (4ª ed., FEB, 1995).

9. **ABRANCHES, Carlos Augusto**
   Vozes do Espírito (2ª ed., FEB, 1998).

10. **GURGEL, Luiz Carlos de M.**
    Passe Espírita (3ª ed., FEB, 1996).

11. **NÁUFEL, José**
    Do ABC ao Infinito –1º volume (2ª Edição – (1ª ed., FEB), 1999).

12. **PEREIRA, Yvonne do Amaral**
    Memórias de um suicida (21ª ed., FEB, 2000).

PEREIRA, Yvonne do Amaral (Médium psicógrafa)

Pelo Espírito Bezerra de Menezes:
Dramas da obsessão (8ª ed., FEB, 1994).

13. KÜHL, Eurípedes
Genética e Espiritismo (2ª ed., FEB, 1997).

14. FRANCO, Divaldo Pereira (Médium psicógrafo)

Pelo Espírito Joanna de Ângelis:
Estudos Espíritas (7ª ed., FEB, 1999).

Pelo Espírito Manoel Philomeno de Miranda:
Nos bastidores da obsessão (9ª ed., FEB, 1999).

REFORMADOR - Revista da FEB

1. SOUZA, Juvanir Borges de
Glorifiquemos a Vida (outubro, 1993).

2. SAMPAIO, Roosevelt
Ao aborto, diga não! (setembro, 1994).
De volta ao tema: o aborto (junho, 1998).

3. CFN (Conselho Federativo Nacional) — FEB
O aborto na visão espírita (fevereiro, 2000).
Manifesto espírita sobre o aborto (dezembro, 1998).

4. BERNARDI, Ricardo Di
Abortos aparentemente espontâneos, provocados pelo Espírito (dezembro, 1992).

5. PAULO, Jaider R. de
Aborto espontâneo (março, 1985).

6. CAJAZEIRAS, Francisco de Assis
Aborto sentimental (novembro, 1997 e agosto, 1995).

7. ABRANCHES, Carlos Augusto
Uma história dramática (junho, 1996).

8. LIMA, Inaldo Lacerda
Ainda o grito silencioso (junho, 1997).

9. **CIRNE, Azamor**
Dr. Nathanson — 60 mil abortos, dívida e resgate (janeiro, 1995).

10. **S. THIAGO, Lauro**
Em defesa da vida (abril, 1994).

11. **MENEZES, Adolfo Bezerra de** (Espírito)
Estejamos unidos na defesa da vida (dezembro, 1993).

Mensagens

1. **Justino** (Espírito)
A história de Celestina

2. **Bezerra de Menezes** (Espírito)
Estejamos unidos na defesa da Vida (novembro, 1993).

3. **Biblioteca del Espíritu (Guatemala, C. A.)**
Mãezinha... Não me mates novamente...

Diversos

1. Revista *VEJA*. Editora Abril, São Paulo/SP -17/09/97.

2. Instituto Alan Guttmarcher (EUA) — Pesquisa realizada sobre aborto na América Latina, 1994.

3. Depoimentos — Casos verídicos, relatados voluntariamente, porém com os dados (iniciais, idade, profissão, cidades e demais) modificados intencionalmente.

Este livro foi impresso
no Departamento Gráfico da
FEDERAÇÃO ESPÍRITA BRASILEIRA
na cidade do Rio de Janeiro
em setembro de 2007.
www.febnet.org.br